humanities

ヒューマニティーズ 法学

中山竜一
Nakayama, Ryuichi

岩波書店

はじめに

つぶしがきく学問、パンのための学問

人が法律というものに関心を持つようになるには、おそらく様々なきっかけがあるに違いない。抜き差しならない状況にまで追い込まれた多重債務の返済、交通事故をめぐる難しい交渉、離婚交渉のもつれ、ストーキング被害や家庭内暴力、アパートの敷金をめぐる大家とのトラブル、不況を理由とする突然の解雇、年老いた両親の介護、年金の受給条件、薬害被害や食品汚染、音楽や映像ソフトの違法コピー、政治家の汚職や腐敗、貧困の除去や伝染病対策をめぐる国際協調等々。個人が抱え込む日常のトラブルから、毎日の新聞を賑わせる社会全体規模の問題にいたるまで、法はほとんど全ての事柄において決定的に重要な役割を演じている。人生において何らかの成功を手に入れたり、あるいは逆に苦境から脱出するに当たり、法的な知識が大いに役立つということは、多くの人々にとってむしろ自明とも言える。法的知識の有無は、それが世間的な成功と失敗の鍵を握る限りにおいて、文字通り各人の世間的な利益に直結するからである。法律にかかわる豆知識を面白おかしく紹介するテレビ番組が高い視聴率を上げたり、断片的な法律情報を分かり易く解説する人

たちが一躍、人気者になるといった現象が起こったりするのも、そのためだろう。当然、裁判官や弁護士といった法律専門職は、相変わらず人気職業の一つである。アメリカのロースクールにならって日本型法科大学院が創設された二〇〇四年当時ほどではないにしても、優秀な人材が、必ずしも「広き門」になったわけではない司法試験をめざし、途中で勤務先を退職するといったことも珍しいことではない。

ところで、このように通常は、法について学ぶことは社会生活上大いに「役に立つ」とされている一方で、高校卒業後の進路を考えるにあたり、そうした実利的なことだけを念頭に置いて法学部進学を選んだ学生は、実際には、それほど多くはないように思われる。一旦、社会に出て働いたり、自分の家庭を持ったりして、様々な経験や苦労を積んだ人ならば、法的知識の有る無しが人生の道行きを大きく変える場合があるということを身をもって痛感したこともあるだろう。しかし、大学進学後の専攻を何にしようかと思い悩む一八歳前後の若者たちからすれば、法学を学ぶという選択が、必ずしも切実な実感とともに自己の将来の姿と結びつくわけではないだろう。たしかに、昨今の日本のふがいなさに義憤を感じ、政治的リーダーとして天下国家の舵取りをしたいと真剣に考える熱血漢や、法律家として弱い立場の人々を救済したいと願う社会派のように、明確な目的意識を胸に抱く若者たちも、なかにはいるかもしれない。だが、結果的に法学部に入学することになった学生の多くにとっては、法学という学問についても、それが自分の将来にどうつながるのかという見通しについても、漠然としたイメージすら摑めないままに、いつのまにか籍を置くことになっていたというのが正直なところではないだろうか。何が何でも小説家になりたいとか、研究者になってノーベル賞を受賞するとか、あるいはミュージシャンとして有名になるといった、やむにやまれぬ願望があるわけではないし、他の人と違った何か特別な才能があるわけでもない(幸か不幸か、それがわかる程度の冷静な判断力には恵まれている)。ところが、運がいいことに、成績だけはそんなに悪くない。それなら、「つぶしがきく」ということで、担任教師や両親も強く勧める法学部に、とりあえず潜り込んでおこうか。こういった消去法的な発想から何となく法学部進学を決めた人は、実際には、かなりの数に上るのではないだろうか。

しかし、この「つぶしがきく」といった言葉が、実は曲者である。「つぶしがきく」ということは、何にも増して、法学を学ぶことそれ自体に何か内在的な価値があるというより、卒業後の職業選択の際に都合がよいということを意味する。別の言葉でいえば、「必ずしも裁判官や弁護士にならなくても、会社員や公務員になるときに有利だよ」というメッセージが含まれているのだ。だが、このメッセージは、その学生が言葉の真の意味で知的に真面目で誠実であればあるほど、その心を傷つけ、やる気をなくさせるのに十分な効果を持つ。結局は就職のための準備のようなものでしかないのならば、それははたして学問と呼ぶに値するのか。単に、将来の就職先で着実かつ効率的に仕事をこなしていくための術《すべ》を身につけるだけなら、それは事務系の専門学校で学ぶ内容といったいどこが違うのか。そこに、若き日の貴重な時間と努力を注ぎ込む値打ちがあるのだろうか。

こうした疑念が法学を学んでいる学生たちや、これからそれを学ぶべきかどうかと思い悩む学生たちを捉えてきたのは、実は、ずいぶん昔からのことである。事実、若い頃に法学を学んだことのある文豪シラー(一七五九—一八〇五年)は、「パンのための学問」(Brotwissenschaft)——つまり、哲学や文学や数学といった純粋な学問とは違って、学問それ自体としての内在的な価値よりも、生活の糧を得るための手段として学ばれる学問——といった不名誉な称号を法学にあたえているし、同様の経験を持つ詩人ハイネ(一七九七—一八五六年)が、当時は法学教科書として用いられていた『ローマ法大全』を「悪魔の聖書」と呼んだことも有名な話である。それ以外にも、ゲーテ(一七四九—一八三二年)やフローベール(一八二一—八〇年)をはじめとする錚々たる顔ぶれが、一度は法学部に学びながらも、やがてそれに幻滅し、法学に対する辛辣な言葉を残しているし、さらには、一九世紀ドイツの法学者J・キルヒマン(一八〇二—八四年)に至っては、論文「法律学無価値論」のなかで、「立法者が法律の言葉を三つ変えれば、図書館の全てが紙屑になる」と論じ、法学というものが結局のところ、人為的にいくらでも改変可能な制定法を対象とする、本当は値打ちのない贋の学問であるとまで言い切っている。

こうして見ると、法学が内在的な価値とは無関係な、出世栄達のための方便でしかないという話にも、それなりの説得力があるかのようにも思えてくる。たしかに「つぶしはきく」かもしれないが、「パンのため」に存在するだけの不純な学問でしかないのであれば、はたしてそれは学ぶに値するだろうか。

制度知としての法学

こうした疑問に対する本書の答えは、次の通りである――法学は内在的な価値を有する学問として、やはり学ぶに値する。こうした答えとなる理由を、本書はこれから全編を通じてつぶさに論じていくつもりであるが、ここでも暫定的に、法学の学問的価値にかかわるいくつかの論点を指摘しておく必要があるだろう。

まず、法学は、きわめて早い時期にその内容的・方法論的規律《ディシプリン》を確立した学科として、様々な人文＝社会科学のなかでも最も古いものの一つに数え上げられる。法学とは、「人が生きることのできる空間」として諸々の制度を設立し、それを維持するための一種の「制度知」にほかならない。人間が常にそのような制度的空間を必要とするということは人類学的な事実であり、そのような空間の設立と維持にかかわる独自の知の形態が常に必要とされることは、時代にも、場所にもかかわりがない。それゆえ、「法学を学ぶといっても、日本法を学ぶわけだから、外国では通用せず、普遍性を持たない」といったしばしば耳にする言葉は、間違いである。法学はその人類学的機能からしても、さらには、その歴史的ルーツの同一性――もっとも、これは一種の偶然に帰因するものだが――からしても、世界中で通用可能な、ある種の普遍性を持った知の形態を提供するものだからである。たとえば、次のような事実も、これを証明している。まず、法学を専門的に学んだ経験を持つ者は、たとえ他国で仕事をすることになっても、比較的短時間のうちにその国の法制度の構造と内容を理解し、それを実際に運用することができるということ、また、ハーグの国際司法裁判所判事をはじめとして、国際的な司法機関の多くは、様々な国の法学部、法科大学院の出身者をその構成スタッフとしているが、にもかかわらず、ほぼ共通の法の言語と概念のおかげで、互いに協力しながら仕事を進めているということ等々である。つまり、法学を学ぶということは、共通の言語と思考様式を携えた、世界中に散らばる法の部族の一員になることでもあるのだ。

本書のアプローチ——基礎法学と実用法学について

日本で法学を学ぶことが、そのまま海外を舞台とした職業人としての活躍に直結するという事実——たしかにそれは、通常抱かれている法学のイメージの対極にあるものに違いない。ただし、そうしたことを現実のものとするためには、次のような一定の条件が不可欠となる。法学を学び始めたばかりの人は、しばしば、自国の法律とその確立された解釈のみを金科玉条のごとく崇め奉るといった態度、すなわち、自国の法規や判例の細部に近視眼的に拘泥するあまり、「妥当な法的解決は何か」という最も大切な事柄を見失ってしまうような態度へと陥りがちである。法に対するこのような態度のことを「リーガリズム」と呼ぶとすれば、そうした最悪の落とし穴に陥ることなく、法の背景にある制度趣旨に迫り、その理解を自らのものとして吸収していくような思考態度が重要となってくる。そして、このような思考態度を育むに当たって重要となるのが、多様な諸国の法制度に共通する思想的な核心を追究し、その各々の歴史的な出自を探り、それらの比較を通じて様々な差異を明るみに出すことから、多様な問題解決の可能性に対して視野を開くようなそうした学問実践である。そして、そのような実践は、通常、基礎法学とか理論法学という名称で呼ばれている。

基礎法学とか理論法学といった言葉を、初めて耳にした人もいるに違いない。というのも、法学という言葉からまず連想されるのは、通常、憲法、民法、商法、刑法、行政法、民事・刑事の訴訟法といった、数々の条文からなり、六法全書にも収められている法律を学ぶことであるからだ。そうした分野は、実際に制定された法律という意味で「実定法学」と呼ばれたり、個別的な条文やこれまでに裁判所が下した判決の内容を現実の事件に当てはめ、その解決を目指すという意味で「実用法学」と呼ばれている。こうした科目は、法律の条文を順を追って取りあげ、その意味するところを吟味し、その文言に複数の読み方が考えられる場合には、そのうちのどれが最も適切であるかを検討し、その参考とするために、裁判所が下した過去の判例を学ぶといったスタイルで教えられることが多い。つまり、こうした科目において問題になるのは、法の条文や過去の判例から導き出される法的なルールや原理をいかに使用するかということ、そして究極的には、そういったルールや原理を用いて、いかに紛争やトラブルを解決するか、いかに社会を一定の方向に回路づけるかということにほかならない。したがって、このような、いわゆる実定法科目、ないしは実用法学においては、「法をいかに用いるか」を知ろうとする姿勢、すなわち、法をめぐる「いかに」(how)を知る(know)という意味で「法のノウ・ハウ」を学ぶということが主要な思考態度となる。

ところが、法学という学問領域には、これら以外にも、実定法学の土台となるという意味で「基礎法学」と呼ばれたり、法という営みを理論的側面から追究するといった意味で「理論法学」と呼ばれる、性格の異なる科目群が存在する。具体的に言えば、法をその原理的側面から探る法哲学(法理学)、現実社会における法の運用と機能を探る法社会学、様々な法文化の歴史的変遷を明らかにする法史学、異なる法文化の在り方を比較検討する比較法などである。実定法学、ないしは実用法学のほとんどが「法をいかに理解し、使用するか」という問い(knowing how)について論じるのに対し、これらの科目群に共通するのは、「法とはそもそも何であるのか」という問い(knowing what)を追究するような思考態度であると言うことができる。

このように、法学は、一方の、法をめぐる様々な"knowing how"を問題とする実定法学=実用法学と、他方の、法にかんする"knowing what"を問いかける基礎法学=理論法学といったかたちで、二つの異なる思考態度に沿って編成されている。ただし、次のことは確認しておいてよいだろう。実定法学=実用法学の学習では、あくまでも"knowing how"的な思考態度が中心となるということに間違いはないが、その際に"knowing what"的な思考が全く不要かと言えば決してそういうわけではない。実定法の諸分野においても、理論的な難問にぶつかる際には、その内容がいきおい哲学的な色彩を帯びはじめ、"knowing what"的な思考態度が必要となってくる。また、現実の裁判においても、制定法や過去の判例から解答を見出すことのできない難事案にぶつかった際には、裁判官や弁護士たちは、実は、「法とは何か」という問題に足を踏み入れ始めていると言うべきなのである。だとすれば、法学を学ぶことを通じて真に要求される能力は、単なる受験技術や「ノウ・ハウ」の修得ではあり得ず、それは実定法解釈学における"knowing how"型の思考様式と基礎法学=

理論法学における“knowing what”型の思考態度のあいだを自在に行き来しながら、法的問題解決にかんする視座と射程をさらに拡大していく「制度的想像力」であると言わなければならない。

ともあれ、本書は、あくまでも後者の思考態度、しかも、とりわけ筆者の専門である法哲学(法理学)と法思想史の知見を中心に据えることを通じ、制度知としての法学という営みの全体像を描きだそうとする試みである。したがって、実定法学=実用法学の各分野の専門家がその各々の内容をダイジェストするといった、多くの「法学入門」書が採用する構成は採らず、㈠今日の法制度と法思想が形づくられた歴史的経緯、㈡現行法制度の背景にある思想的内実、そして㈢法的思考の基本的構造の三点に焦点を絞って、議論を進めていくこととしたい。

想定する読者と本書の構成

これまでに述べてきたことからも明らかなように、本書が読者として想定しているのは、まず第一に、これから法学を学ぶべきかどうかということについて、いま現在、頭を悩ませている人たちである。法学とはどのような営みであり、何のために存在するのかにかんする本書の説明が、そうした人たちの判断の一助となればと思う。次に、すでに法学部や法科大学院に入って、各個別分野の学習は進んではいるものの、法学全体にかんするイメージが今ひとつ摑めないといった人たちにも、もしかすると何か参考になるところがあるかもしれない。そして最後に、法学以外の隣接する諸学に取り組んでいる人たちである。法学という分野はとかく秘教的かつ閉鎖的であり、しばしば近寄りがたい印象をあたえるものとして受けとめられているように思われる。本書の説明がいわば通訳のような役割を果たして、法学固有の思想的内実や思考手続きの一端が明らかとなることにより、実りある協働の可能性へと道が開かれるならば、これ以上にうれしいことはない。

本書の構成は次の通りである。第一章で、法学の歴史を簡単に振り返る。そうすることで、今日の法制度と法思想がかたちづくられた歴史的経緯が明らかになるとともに、法学に初めて触れる諸君がおそらくは抱くであろう疑問——たとえば、法と正義の関係、法学の授業形態、条文の配列、教科書の意義といったものに対する疑問のいくつかが解消されるのではないかと思われるからである。第二章では、法制度の最も重要な役割を「人が生きられる空間」を創ることと捉えた上で、各種の現行法制度の背景にある思想的内実を探る。第三章では、「制度知」としての法学に特有なものの考え方、すなわち法的思考の在り方にかんして、その内部構造から説明を加える。第四章では、法は社会的現実の創出にどのような仕方でかかわるのかということをめぐって、難しい事案における法の解釈、判例による新たな法形成、立法とその学問化といった主題と関連づけながら考えていきたい。各章は、それぞれ独立した読み物となっているので、読者が関心を持ったところから読み進んでいただければと思う。

目次

ヒューマニティーズ　法学

装丁　桂川潤

一、法学はどのようにして生まれたか

㈠ なぜ法の歴史について学ぶ必要があるのか

法学の社会的役割や学問的意味を知るためには、まず法の歴史について最低限の知識を持っておいたほうがよい。法学部や法科大学院で長らく学んだ経験を持つ人たちのなかにすら、法制史や法思想史といった分野を単なるお飾り、一種の学問的なフリルと考えているような人たちが時折見受けられるが、大変残念なことである。おそらく、そうした人々は、誰もが突き当たるに違いない次のような素朴な問いにも、満足に答えられないに違いない。たとえば、法学で扱う様々な文献――各種の制定法や判例、学説書のなかには日頃あまりお目にかかれない古めかしい表現や難しい言葉が数多く含まれていたり、また日常的に使われる同じ言葉であっても特殊な意味で使われる場合がしばしばある。それはなぜか。法学の授業はほとんどの場合、教員が一方的に話を進めるいわゆる「講義」と、学生が主体となって議論を行う「演習《ゼミナール》」の二つの形式から成り立っているが、それはどうしてなのか。民法や刑法などの法典やそれに準拠する教科書は大抵、非常に抽象的でイメージの摑みにくい「総則」に始まり、その後になってはじめて具体的な「各論」が続く。なぜそんな分かりにくい構成になっているのか。法学の世界では、正当な手続きを経て制定された各種の法律が存在するにもかかわらず、学者の手になる概説書や体系書が、あたかも権威ある「原典」のような扱いを受け、時には法典以上にありがたがられているが、それはなぜなのか――権威に怯まず、客観的な検討を行うはずの学問としては、実に不思議なしきたりではないか(ちなみに最近では、司法試験予備校が出版する受験参考書しか読まない諸君のあいだでは、法学者による概説書や体系書は「原書」と呼ばれるのだと耳にしたこともある)。

多くの人は法学の世界にどっぷりと浸っているうちに、こうした疑念を抱いたことすらやがて忘れてしまう。だが、それは何らかの解答を手に入れたからではない。日々の課題や山積みの仕事に追われるうちに、単に記憶の奥底へと追いやってしまっただけのことなのだ。ただ問題は、こうした疑念に躓いて、法学それ自体に対する学問的な信頼や興味を失ってしまう学生諸君も少なくないということだ。しかも残念なことに、そこには知的能力の点でも、学問的誠実さの面でも、相当に優れた人物がかなり数多く含まれるのである。これは非常に不幸なことである。なぜなら法の制度や思想の歴史の一端を知るだけで、こうした疑念に対するとりあえずの答えは比較的容易に見つかるからである。

法と正義という言葉

そうした素朴ではあるが重要な問いの一つの例として、まず、法と正義の関係を取りあげてみよう。「法と正義のあいだには密接な関係がある」などといった言葉が時に当たり前のように語られるが、そもそもそれはどうしてなのか。もし仮に、法というものが複数の利害間の調整や、社会秩序の維持のための道具であるのだとすれば、正義などといったものを引き合いに出さずとも、立派にそれを使いこなすことは可能であるはずだ。それどころか、「何が正義か」ということにかんしては、人によって考えが一致しない場合が少なくはないので、そんな曖昧なものを法と結びつければ、かえって論争の火種を増やすだけではないか。なのに、なぜ法律家たちは正義などといったやっかいなものを持ち出すのか(ちなみに、日本弁護士連合会の機関誌の名称も『自由と正義』である)。

こういった疑問、ないしは違和感には、たしかにもっともな側面がある。自らの意見や主義主張を正義の名の下に声高に語る者は、この国の社会の文化風土においてはいささか偽善的、あるいは胡散臭い存在として受けとめられることが少なくない(たとえば選挙運動の際、恥ずかし気もなく「正義の人、○○に清き一票を!」と連呼できる立候補補者のことを思い浮かべてみよ)。また、普段の暮らしのなかで(ついうっかりと?)「正義」という言葉を口にしてしまったときに感じる、あの居心地の悪さ、気恥ずかしさは何だろう。しかし、「法と正義はそもそも無関係である」といった言葉が、法学を学んだことのある人の口から発せられたとすれば、多少情けなくもある。というのも、「正義」の概念(concept)をどのような意味内容(conception)で理解するかという問題は残るとしても、法の歴史を多少なりとも知っていれば、少なくともわが国で現在用いられる法制度はそもそも、「法」の概念と「正義」の概念との連続性を自明の前提としていることがわかるはずだからである。

ここで試しに、身近にある国語辞典で「正義」という言葉を引いてみてほしい。たとえば『広辞苑』には、次のようにある。「正しいすじみち。人がふみ行うべき正しい道」――この用法は儒家の一人として、人間の本性を悪と唱えたことで有名な荀子（前三一一？―前二三八年）の言葉に端を発するものであるらしいが、たしかにこれは、われわれが日常的に使っている用法と同じである。ところが、これとは別に、そこには次のような別の用法も同時に記されている――「社会全体の幸福を保障する秩序を実現し維持すること。プラトンは国家の成員がそれぞれの責務を果たし、国家全体としての調和があることを正義とし、アリストテレスは能力に応じた公平な分配を正義とした」「社会の正義にかなった行為をなしうるような個人の徳性」。実は、こうした用法は、英語やフランス語の"justice"、ドイツ語なら"Gerechitigkeit"に相当するものである。ちなみに、筆者の手元にあったある英語辞書（*Oxford Concise English Dictionary*）では、"justice"の第一義は「人を公平に扱うこと」(the fair treatment of people)となっている。

種明かしをすれば、法学や法実務で問題とされる「正義」とは、実のところ、われわれが日常使っている「人がふみ行うべき正しい道」ではなく、多くの人にとってはあまり馴染みがないかもしれない、この後の意味における用法なのである。つまり、法の世界では「人々を公平に扱うこと」

——すなわち、複数の人間のあいだの公平な関係性、さらには、それを可能とする調和ある秩序を尊重すること、これをもって「正義」と呼ぶのである。また、そこから翻って、そうした公平な秩序を尊重する人の徳性についても「正義」の言葉が用いられることもある。したがって、法学を学ぶ際には、「人がふみ行うべき正しい道」という日常的な用法からあえて距離を置き、英語で言うところの"justice"と同じように、「公平」とか「調和ある秩序」といった意味で「正義」の言葉を使っているのだということに意識的でなければならない。さもなくば、次にあげる場合のように、法の議論としては、いささか頓珍漢なことが生じかねないからである。

たとえば、第二次世界大戦における各国の行動が正義に適っていたかどうかということにかんする議論があるとしよう。法の世界では、「戦争に訴えて国際紛争の解決をはかることそれ自体が国際秩序を掻き乱すものであったか」とか、「捕虜に対する残虐な扱いや民間人に対する無差別攻撃は、戦争遂行手段にかんする取り決めを逸脱するのではないか」といった仕方で、すなわち、戦争全体や個々の戦闘行為が"just"なものであったか否かを問うかたちで、正義の問題が論じられる。これは法の歴史において、伝統的に、正義の戦争、ないしは正戦論(Just War Theory)として論じられてきた問題設定であり、現在の国際法にあって、これは交戦権、および戦争遂行手段をめぐる取り決めとして各種の条約や宣言のなかに実定化している。だが、それにもかかわらず、わが国の論壇ではしばしば、戦争の正義にかんする問いが「自由と民主主義のための戦争という連合国の正義」と「植民地支配からのアジアの解放というわれわれの正義」といった対立へと姿を変える。しかし、これはどちらの側の方が「人がふみ行うべき正しい道」に則っていたか、つまり、どちらが道徳的に見てより立派な大義に殉じるものであったかをめぐる議論と言わなければならない。もちろん、このような議論は当然にあってよい。しかも、それが歴史的事実の客観的な検証とともに冷静に行われるなら、一方的な主張の押し付け合いや、終わりの見えない「神々の争い」に終始するとは限らず、相互の学習や理解へとつながるかもしれない。だが、ここで肝に銘じておかねばならないことは、こういった議論はあくまでも日本語、ないしは漢字世界で日常的に使われる、道義的な意味での「正義」にかんする議論であって、法の世界で用いられる「正義」、すなわち、複数の行為者間の公平な扱いや、それを可能とする調和ある秩序にかんする議論ではない、ということである。国際法廷などで争われるのは、あくまでも、英語の“justice”と同じく、公平な関係性と調和した秩序という意味での「正義」である。にもかかわらず、この言葉を「人がふみ行うべき正しい道」という意味で使い続けるとすれば、議論はいつまでも噛み合わず、平行線が続く結果ともなりかねない。「法」の土俵で勝負をしたいと思うのなら、あくまでも法的な意味における「正義」を念頭に議論を進めなければならないのである。

　では、どうして、そんなことが必要なのだろうか。何だかんだ言ったところで、やはり日本の法を学ぶことに違いはないではないか。法学を学ぶということ、法律家になるということは、子どもの頃から慣れ親しんだ言葉を捨てて、一種の二重言語生活者になることなのか。これらの問いに対する筆者の答えは「ある程度はその通り」というものである。というのも、われわれが今日使っている法は、あくまでも異なる文化世界から「輸入」されたものだからである。洋服や洋食がそうであるように、わが国の法制度、そして法学も、まずは西洋からの輸入品だったということ、その意味をよく考えてみる必要がある。

二つの法継受――中国法とヨーロッパ法

どのような文化であろうと、人が集団で暮らすところでは、お互いの関係の在り方をめぐる一定の規則が生まれてくる。第二章でも取りあげるように、ほとんどの社会が何らかのかたちで所有、契約、損害賠償、家族関係、犯罪と刑罰などにかんする規則群を有しているという事実は、民族学や人類学がわれわれに教えてくれる重要な知見であると言える。比較法の分野では、このように各々の文化が自生的に紡ぎだす法のことを固有法と名づけている。『魏志倭人伝』などの中国史書や日本書紀、古事記の記述から窺い知ることができるように、わが国にも当然、そうした固有法が存在したとされる。ところが、七世紀の終わりから八世紀前半にかけて、中国から輸入された法システム、すなわち「律令」――「律」は刑罰法規、「令」は主に行政法規――がフォーマルな法制度として整えられる。これが、わが国における第一の「法の継受」である。

律令制の背景には儒教思想があったが、この点はとりわけ重要である。というのも、儒教思想にあっては、最も望ましい社会の律し方は徳治――つまり、統治者が道徳的な立派さを示すことにより民衆もやがてこれに感化され、自ずと調和ある社会が築かれるといった政治の在り方であったので、「法」によって人々を強制的にしたがわせるようなやり方は、あくまでも、徳とは無縁の民衆を相手とした場合に限った次善の策、ないしは必要悪と見なされるからである。そして、このような思想を定式化したのが、韓非子(前二八〇頃―前二三三年)をはじめとする「法家」たちであった。

言い換えれば、儒教思想と分かち難く結びついた漢字の意味世界にあっては、「法」という言葉は、制裁装置を用いて下々の民衆をしたがわせ、これにより社会秩序の維持をはかるという含意を有するということだ。だとすれば、「法」という言葉はあくまでも道具主義的に理解されるものであり、それが道徳的徳性を意味する「正義」の言葉とは容易に結びつかないということも、いたって当然と言うべきだろう。

律令制は、実質的には廃れながらも、フォーマルな法システムとしては明治維新まで存続する。だが、幕末から明治期にかけて、わが国が熱心に採り入れ始めたのは西洋型の法制度であった。アメリカ、イギリス、フランスなど西洋列強による植民地化の脅威を跳ね返すためには、まずは国際関係を規律する法や慣行を学ぶとともに、国内諸制度を西洋式に整備することが不可避であると考えられたからである。文久二年(一八六二)には早くも、蕃書調所に勤める西周《にしあまね》(一八二九―九七年)、津田真道(一八二九―一九〇三年)が幕命によりオランダに留学し、ライデン大学のフィセリングの下で万国公法(国際法)や性法(自然法＝今日の法哲学)等を学んでいる。帰国後の慶応四年(一八六八)には、西が『万国公法』、津田は『泰西国法論』をそれぞれ訳出し、西洋の法制度と法学をわが国に紹介した。維新後は、司法卿となった江藤新平が「誤訳でもかまわないので速訳せよ」と、箕作麟祥(一八四六―九七年)にフランス民法典の翻訳――江藤はこれをそのまま日本民法として公布するつもりだった――を急がせたが、こうした外国法典直輸入の方針はやがて捨てられ、西洋から法学者を招き、法典編纂の顧問や裁判官教育に当たらせた方がよいということになった。

ギュスターブ・ボアソナード(一八二五―一九一〇年)は、こうして招聘されたいわゆる「お雇い外国人教師」の一人であった。彼はまず、明治一三年(一八八〇)公布、翌々年に施行された刑法(旧刑法)と治罪法(刑事訴訟法)の起草に携わった後、次いで、念願の民法(旧民法)起草に精力を傾ける。明治二三年(一八九〇)、約一〇年にわたる苦労の末、民法典はようやく公布にまでたどりつくが、フランス法の影響力が増すことを快く思わないイギリス法支持派の策動により、施行延期論がわき起こる。さらに穂積八束《やつか》の論文『民法出テテ忠孝亡フ』が出されるに至ると、「フランス民法に範を仰ぎ個人主義や自由の理念を中心に据える民法典は、伝統的な「家」の制度やそれに基づく国柄、美風を破壊する」といったナショナリスティックな排斥論も加わって、結局、帝国議会の場で(旧)民法典施行の無限延期が決定される。

こうした激しい「民法典論争」の後に、フランス学派の梅謙次郎(一八六〇―一九一〇年)、フランス留学組だがドイツ法学を高く評価する富井政章《まさあきら》(一八五八―一九三五年)、ロンドン大学キングス・カレッジに学びバリスタ(法廷弁護士)の資格まで得た末に、ベルリン大学に移ってドイツ法も学んだ穂積陳重《のぶしげ》(一八五五―一九二六年)の三人の帝国大学教授を委員として、現行の日本民法は起草された。これはボアソナード民法のフランス風の制度や法規を素材に、未だ公布されていなかったドイツ民法典草案を参考にその基本構造(パンデクテン体系)を骨格に据え、その他数多くの国の法も比較参照しながら練り上げられたものである。現行民法はその財産法部分が明治二九年(一八九六)公布、同三一年(一八九八)に施行、家族法部分が明治三一年(一八九八)公布・施行されたが、その後も理論面において、ドイツ留学組の学者たちによるドイツ民法学の理解や学説にしたがった概念整理、解釈、体系化が徹底される(これは、法典の継受に続く二度目の西洋法継受として、「学説継受」と呼ばれることがある)。

憲法についても、西洋法の影響は圧倒的である。明治一三年(一八八〇)に井上毅(一八四四―九五年)は、ドイツの経済・行政学者ヘルマン・ロエスラー(一八三四―九四年)の協力を仰ぎつつ、ドイツをモデルとした憲法典を起草するという提案を行う。井上は、本来はイギリス派であった伊藤博文(一八四一―一九〇九年)――伊藤は幕末、長州藩の許しを得てイギリスへと密航し、短期間であるがロンドン大学ユニヴァーシティ・カレッジに学んでいる――に対し、ドイツ流の欽定憲法を制定すべきであるとの説得を行う。こうして井上を中心として、実際の起草作業が進められる運びとなったが、その一方で、明治一五年(一八八二)から翌年にかけて、伊藤は憲法調査のためヨーロッパへと旅立ち、まずはベルリン大学のグナイスト(一八一六―九五年)とその弟子モッセ(一八四六―一九二五年)、次いでウィーン大学の国家学教授ローレンツ・フォン・シュタイン(一八一五―九〇年)の教えを乞うている。とりわけ、「憲法(Verfassung, constitution)は単なる法典ではなく国の統治の在り方の総体を意味する」というシュタインの教えは、伊藤が明治国家について描くビジョンに決定的な影響をあたえた。帰国後の伊藤は、憲法典が単なる絵に描いた餅とならず、国が実効的に機能していくために不可欠な基盤を築いておくため、各種の行政機構を整備し、国家官僚の養成機関として帝国大学法学部を再編し、天皇の政治参加を補佐する枢密院を設立するなど着々と準備を進め、ようやく明治二二年(一八八九)、帝国憲法が発布される。それは、プロイセン憲法に範を仰ぎつつも、西洋のキリスト教に代えて、新たに構築された「万世一系」の天皇制の理念の上に「国家の機軸」を据えるものであった。

若干細か過ぎたかもしれないが、現在われわれが使っている法制度と法学は、このようなかたちで西洋から「継受」、ないしは「移植」されたものである。「律令」の時代からすでに、この国のフォーマルな法制度は、人々の日常を意識的・無意識的に規律する自生的なルール群とは切り離された、外国の言葉と思想を操る文人エリートたちの専有物であったが、明治における西洋法の輸入も、基本的にはこの構図を変えないばかりか、フォーマルな法制度と日常的な意味世界=規範意識との二重構造をむしろ強化するものであった。

西洋産文物の消化吸収の上で独自の大衆文化が開花し始めた大正一〇年(一九二一)、民法学者であった末弘厳太郎《いずたろう》(一八八八—一九五一年)は、法社会学の創始者の一人、オイゲン・エールリッヒ(一八六二—一九二二年)の「生ける法」(Lebendes Recht)のアイデアに触発されて、「外国の法典や学説に全面的に依拠して、諸概念の整合性や体系の美しさを競い合うばかりでなく、具体的な判例の在り方と社会の実態調査を行うべきである」と論じている。末弘のこの提言は、本来は人々の暮らしに役立つものであるはずの法学が、社会の実状とはかけ離れた、外国かぶれたちによる知的遊技に堕してしまったことに対する警鐘であった。こうした問題意識は第二次世界大戦を挟んで、戦後の経済成長にも引き継がれる。川島武宜が一九六七年に著した『日本人の法意識』は、裁判嫌いや主体的な権利行使に対する気後れといった日本社会の特徴を、かたちだけの西洋化、近代的主体性の未成熟に求め、さらなる「近代化」の必要性を主張した。

経済や社会のグローバル化が叫ばれ、またその圧力が様々な衝突や軋轢を引き起こしつつある今日においても、本章の冒頭で確認した、日本語における「法」と「正義」のいささか込み入った関係に見るように、本来は輸入されたものにほかならないフォーマルな法システムと、日常的な意味世界、規範意識とのあいだの二重性は根強く残存している。もちろん、かつての近代化論者のような「日常的な意味世界、規範意識の方を、西洋型の進んだそれに合致させよ」といった主張がすでに説得力を持たないことは言を俟たない。しかし、にもかかわらず、まず西洋法の歴史とその思想的内実をしっかりと把握しておくことはやはり不可欠であると言わなければならない。というのも、そうしてはじめて、フォーマルな法システムと日常的な意味世界＝規範意識とを摺り合わせる、ないしは、それを翻訳し、両者を媒介することが可能となるからである。優れた法律家は、クライアントを前にした日常の実務にあっても、異言語で記された「法」を日常的な言語へと変換する翻訳者＝媒介者でなければならない。また、さらに一言つけ加えれば、法の歴史を学ぶことは、このような複数の世界を媒介するプロセスがさらに新たな法発展につながるということも教えてくれる。

㈡　西洋法の歴史

ずいぶんと長い回り道をしたような気もするが、これでようやく西洋法の制度と思想の歴史へと足を踏み入れる準備が整った。しかし、もとより紙幅は限られている。そこでここでは、読者が法学を学ぶ上で特に重要であると思われる時代と出来事を、いわば尾根づたいにたどっていくこととしたい。論点は次の五つに限定される。㈠古代ギリシャにおける正義概念の定礎とそのローマ法への移植。㈡法の担い手と制度的枠組の関係について。㈢法解釈学の誕生と拡大。㈣法典編纂。㈤歴史法学と概念法学。

ギリシャ哲学からローマ法へ——正義概念の定礎

古代ギリシャが残した制定法としては、過去の慣習の集成として、微罪に対しても過酷な刑罰を科したことで悪名高いドラコンの立法(前六二一年)や、これと逆に、貴族政を終わらせ、財産を持つ市民の政治参加を認めたアテナイの政治家ソロンが制定した一連の改革法(前五九三年)がひとまず思い浮かぶ。しかし、法制度と法思想の歴史に決定的な足跡を残したギリシャ人は、プラトンやアリストテレスらの哲学者たちであった。

もし地中海沿岸の「哲学者」たちが他の文明圏と異なる思考態度を生みだしたとすれば、そこに

「在るもの」が「在ること」の驚きを、それが「何であるのか」という問いかけにつなげていったことであるように思われる。このような思考態度はまず自然の事物に向かったが、ソクラテス(前四六九―前三九九年)はこれを人間にかんする事柄へと差し向けた――愛とは、友情とは、善く生きることとは、本当は「何であるのか」(これに対し、ソフィストたちの思考態度は「いかに」である)。だが、知恵の人であり、また正義の人(dikaios)として弟子たちに愛されたソクラテスに対し、アテナイの民主制は死をもって報いる。こうして、彼の弟子たちは政治共同体《ポリス》と正義(dikaiosune)の問題に直面することとなった。

アテナイの名家の出身であり、ソクラテスの弟子でもあったプラトン(前四二七―前三四七年)は、対話篇『国家』のなかで次のような考えを示した。理想の共同体=国家は、統治者、戦士、生産者の三つの階層からなっており、知恵、勇気、節制というそれぞれに対応する徳の完成を目指して、「各人が自己の分をつくす」ならば、三階層の調和としての「正義」、すなわち共同体=国家の全体的秩序の調和としての「正義」がもたらされる。そして彼は、このような全体的調和としての「正義」を実現するための提言として、哲学者が共同体=国家の統治に携わるべきであるという、有名な「哲人王制」を構想する。もし、そうした制度のなかで生きているのであれば、知恵ある王が下す命令や法にしたがうことは、共同体全体の調和に寄与する――すなわち、個々の人間にとっては、共同体=国家の法にしたがうことが正義であるということとなる。

しかし、プラトンの思考態度は、あくまでも物事の理想の姿(イデア)を考えて、そこから現実との距離を測定するといったものである。現実の世界では、プラトンが考えるような哲人王はなかなか現れないということを考えると、「統治者が定めた法にしたがうことは正義に適う」といった考え方には危険がともなう。なぜなら、邪悪な支配者が下した邪悪な法にしたがって、邪悪な行為に荷担することすらも、正義に適った振る舞いであることになってしまうからだ(この論点をめぐっては、第二次世界大戦中にナチスのニュールンベルク法にしたがい、ユダヤ人絶滅に関与した軍人や公務員への裁判が持ち出される場合が多い。しかし、「正義に逆らう法」の事例は、他にもいたるところで見つかりそうだ)。

では、そのような落とし穴に陥ることのない正義の捉え方はあり得るだろうか。筆者の見るところでは、アリストテレス(前三八四―前三二二年)が提示した正義の概念こそがまさしくそのようなものにほかならない。そして、それはやがてローマ法学の骨格へと組み入れられ、「継受」を通じて世界中へと拡大、浸透することにより、現在に至ってもなお、われわれの制度的想像力を大きく規定することとなった。

ギリシャの辺境、マケドニアに生まれたアリストテレスは、若い日にアテナイにやってきてプラトンが主催する学校アカデメイアに学ぶ。だが、彼の思想はプラトンをそのまま受け継ぐものではなく、むしろそれを批判的に乗り越えようとするものだった。理想《イデア》の世界に思いをこらした師プラトンとは異なり、彼の視線は常に現実に在るものへと注がれていたのである。そして、法や正義にかんする彼の思想も、自然のなかの様々な事物を観察する彼の『自然学』とまさしく同じ仕方において、人間の世界に存在する法というものを観察し、境界確定し、分類するものにほかならなかった。

有名な「人間はポリス的動物である」という言葉に見られるように、制度や正義というものを人間の共同生活という文脈から捉えようとする態度においては、たしかにアリストテレスはプラトンの弟子であった。しかし、『ニコマコス倫理学』第五巻で示される正義概念はアリストテレス独自のものと言わなければならない。アリストテレスはまず、正義というものを二つの種類に分類している。第一の正義は一般的正義と名づけられ、これは「法にしたがうこと」「遵法的であること」の徳を意味している。だが、これは、プラトンの言う「各人が法を遵守する」という徳と違わない。真に重要なのは第二の正義たる特殊的正義、つまり具体的な場面における正義である。これはいわば「等しさ」(ison)にかかわる形式的原理であり、「等しきものは等しく扱え」とか「各人のものを各人に」という表現に定式化することが可能である。ただし、「等しさ」の在り方には、次の二つがあることに注意しなければならない。

㈠幾何学的な等しさ(つまり、対照される二つのものの比率が等しい)。これは、協働作業の成果を参加者のあいだで分配するような場合にかかわる。たとえば、AとBの二人がいっしょに働いて何らかの成果を得た場合には、その成果はAとBの価値と比例するかたちで分配されなければならない。このような「等しさ」が成り立っているとき、そこには「分配的正義」が存在していると言うことができる。

(二)算術的な等しさ。刑事処罰について考える場合、犯された罪の重さXと科せられるべき罰Yの重さは等しくなければならない。アリストテレスはこれを「匡正《きょうせい》的正義」と呼んでいる。また、この同じ原理は、商品等を交換する場面にも当てはまる――つまり、交換されるものXの価値と、同じく交換されるものYの価値が等しくなければならないということである。「交換的正義」と呼ぶこともある(図1)。

この二つの原理は、社会や文化の違いを超える射程と普遍性を有しており、きわめて重要である。もう少し具体的に見てみよう。まずは分配の場合であるが、たとえば、Aの方がより多く働き、その意味において価値が高いとすれば、Aはそれに見合うだけの報酬を得なければならず、他方、Bはほんの少ししか働かず、その意味で価値が低いのなら、その報酬は少なくて当然である。だが逆に、Aはたくさん働いたのに報酬は雀の涙、Bはほとんど働いていないのに莫大な報酬を得ているとすれば、多くの人がそれを「不正義」と感じるだろう。もちろん、価値を測る物差しは、労働時間であったり、費やされた努力の量であったり、売り上げであったり、勤続年数であったり、信仰される神への近さであったりと、その共同体がいかなる価値体系――これを、伝統的な倫理学の用語で「共通善」と呼んでもよい――を有しているかに応じて、様々なものが考

分配の場合

$$\frac{\text{Aの取り分}}{\text{Aの価値}} = \frac{\text{Bの取り分}}{\text{Bの価値}}$$

刑罰，ならびに交換の場合

$$\text{Xの価値} = \text{Yの価値}$$

図1

えられる。しかし、一定の同じ価値尺度を有する共同体のなかでは、この原理が貫徹されるのである。同じことは、匡正や交換の場合についても言える。ある為政者が自己の利益のために国民を欺き、その結果、多く国民に塗炭の苦しみを味わわせたにもかかわらず、罪を問われることも、処罰を受けることもなく安閑と暮らしているとすれば、ほとんどの人はそこに「不正義」を見出し、憤りを感じる。また逆に、本当に生活に困り、家族のためにパン一つを盗んだ人が過酷な拷問や刑罰にさらされるとすれば、やはりこの場合も、そこに「不正義」があると感じるのではないだろうか。どちらの場合も、罪と罰の天秤の釣り合いがとれていないのである。

すでに述べたように、分配における正義も、刑罰や交換における正義も、一言でいえば、等しいものを等しく扱うということ、各人のものが各人にあたえられることであり、これを言い換えれば、社会のなかに公平な関係性をつくり、保持するということである。等しいものが等しく扱われず、各人のものが各人にあたえられないとき――すなわち、天秤が一方の側に傾き、公平な関係性が見失われたとき、人は激しい憤りや不安を感じる。こうした感覚を「正義感覚」(sense of justice)と名づけるなら、そこには社会や文化を超えた、いわば人類学的とでも呼べるような普遍性があると言わなければならない。

ともあれ、法(to dikaion)も、そうした公平な関係性としての正義(dikaiosune)の実現のためにある。それゆえ、法を遵守することが正義に適っていると言うことができるのは、そうした法が正義に適っている場合である。つまり、具体的な場面での分配・匡正・交換の正義がまず存在し、次いでそれを保持するための法があり、その限りにおいて、法を遵守することも正義に適っていると言えるのである。したがって、アリストテレスをこのように理解すれば、「邪悪な法を遵守することもまた正義であるか」という問いもまた消えることになる。

さて、ギリシャの覇権はアレクサンドロス大王の帝国とともにあっけなく消滅する（ちなみに、アリストテレスはアレクサンドロスの家庭教師でもあった）。ギリシャの後に地中海世界の覇権を握ったのはローマ人たちであったが、彼らはギリシャ人を教師として仰ぎ、とりわけその理論的な学問を吸収し、巨大な帝国を建設するための礎とした。法の制度と学問は、ローマ人たちがとりわけ卓越した力量を示した領域であるが、その根幹にはアリストテレスから学んだ正義の概念が据えられている。

『市民法大全』(Corpus Iuris Civilis)、つまり『ローマ法大全』は、紀元五二九年から五三四年にかけて、東ローマ帝国皇帝ユスティニアヌス（四八三―五六五年、在位五二七―五六五年）の命により、一〇〇〇年にわたるそれまでのローマの歴史で出された勅法、判決、注釈、学説等々を収集、編纂したものである。それは主として、次のものからなりたっていた。『勅法彙纂』(Codex)――これまでのローマ皇帝勅法の集成。『学説彙纂』(Digesta)――法学者たちの学説集成（ちなみに、明治民法の箇所で出てきたパンデクテン体系は、"Digesta" のギリシャ語訳「パンデクタエ」に由来する）。『法学提要』(Institutiones)――法学徒向けの簡潔な教科書。『新勅法』(Novellae)――五三五年以降五六五年までに出された勅法。そのうち、後の法学の発展にとって最も重要である『学説彙纂』冒頭部(1.1.10)には、法学者ウルピアヌス(一七〇頃—二二八年)による次の言葉が記されている。

正義(iustitia)とは、各人に各人のものをあたえようとする永続する変わらない意思である。したがって、法が命じるところは次のようになる。正直に暮らし、他者に危害を加えず、各人に各人のものをあたえること。法の賢慮=法学(iuris prudentia)とは、神と人にかんする事柄について知ることであり、正義に適うこと(iusti)と正義に反すること(iniusti)を学ぶことである。

ここからは、ギリシャ語の“dikaiosune”と“to dikaion”がそうであったのと同様に、ラテン語においても「正義《ユスティティア》」(iustitia)と「法《ユース》」(ius)のあいだに密接なつながりがあることが容易に見てとれるに違いない。だが、そうした言語的連関もさることながら、ここに記されている思想的内実が、まさしくアリストテレスが定式化した正義の概念であるということに注目してほしい。『学説彙纂』のこの一節は、もはや一人の偉大な学者の「学説」というにとどまらず、皇帝ユスティニアヌスが制定した帝国の「法」の地位を有する。後でも述べるように、『ローマ法大全』の文言はヨーロッパの世俗世界において、信仰の世界における『聖書』の言葉と同様に、いわば聖なるテクスト、「書かれた理性」(ratio scripta)として扱われた。つまり、ローマ人たちは、法をめぐるあらゆる営み——立法、解釈、裁定、執行等々——のまさしく定礎として、アリストテレスが定式化した正義の概念を据えたのである。それゆえ、ローマ法を「継受」した全ての社会は、否応にかかわらず、公平な関係性の確立と維持という意味における正義を目的として、法を創り、解釈し、判決を下し、執行することとなったのである。

海外を旅していると、裁判所や市庁舎の内外に正義《ユスティティア》の女神の像を見つけることがある。正義の観念を図像化したこの女神は、目隠しをしていたりしていなかったり、剣を持っていたり持っていなかったり、あるいは、手に持った剣を振り上げていたり降ろしていたりと、いろいろな姿をしている。だが、ほとんどの場合、彼女は天秤を持っている。わが国の最高裁大ホールにも、観音様のような顔立ちをした正義の女神が据えられている。古代ギリシャで定式化され、ローマで実定化された「法」と「正義」の概念は、いまや世界中に根を拡げているのである。

共和制から帝国へ――法の担い手について

さて、正義概念を中心とする先ほどまでの説明は、われわれが用いている「法」というものの存在目的、ないしはその思想的内実にかかわるものであった。だが、歴史から学ぶべきもう一つの側面として、法学特有のものの考え方や、学問的スタイルがどのようにしてできてきたかということがある。そして、これは、誰がその担い手であったかということと不可分の関係にある。

共和制ローマにおける法の歴史の出発点は、おそらく十二表法に置くことが許されるだろう。市民から選出された一〇名からなる委員会が、アテナイのソロンの立法に倣い、古の昔から受け継がれてきた慣習法を規則集として明文化し、市民たちがこれを民意を通じ正式に承認したのである。これはいわば、これまでも受け入れられてきた不文の「法」(ius)を明示的な「法規」(lex)のかたちに定着させたということであり、そうすることで市民たちは、神官団の解釈に頼らずとも、自分たちの法的地位を知ることが可能となったのである。

十二表法によれば裁判は、二つの段階からなる。自分たちでは解決できない紛争が持ちあがると当事者たちは、まず第一に、裁判担当の政務官のところへ出頭する。執政官はそれが市民法にかかわる問題であるか否かを判断し、さらにそうであれば、どのような形式で解決すべきかを決定する。いわば政務官は、裁判に訴える権限、すなわち訴権の有無と訴訟形式を定めることにより、法による紛争解決をリードしたのである。第二に、一般市民から選ばれた審判人(今日の陪審員や裁判員のようなもの)が事実を調べ、証人や当事者の意見を聞き、判決を下した。審判人は通常一人であったが、市民全体の重要な利益にかかわる場合は複数の審判人が選任されることがあった。

こうしたローマ法特有の制度的枠組からは、次の三種類の「法の担い手」が生まれることとなった――つまり、法務官、弁論家、法律家である。

㈠法務官について。政務官は毎年選挙で選ばれる二名の執政官であり、ローマの元首として一切の統治行為を取り仕切った。それゆえ、裁判業務に割ける時間も限られており、法制度を発展させるという意味では限界があった。そこで、紀元前四世紀半ば、司法専門の政務官として法務官の制度が設けられた。法務官もまた本質的に政治家であり、法学にかんする特別な訓練を受けているわけではなかったが、やがて、従来の定型的な訴訟形式に代わる、「方式書」と呼ばれる新たな訴訟手続が案出されたことにより、法務官はこの方式書に工夫を加えることを通じて、市民の正義感覚を反映した柔軟な法的救済をもたらすようになった。共和政期ローマにおける法発展は、こうした法務官による手続上の創意工夫に負うものである。もし、裁判権力の担い手という側面で現代の裁判官もローマ法務官の末裔であると言えるとすれば、手続的発想が法的思考の在り方においていかに重要な役割を演じているかということを理解する上で、ローマ法務官法の発展は大変多くのことを教えてくれる。

㈡弁論家について。ローマの審判人は法の素人であった。だが、現代の陪審員や裁判員と同様に、審判人に判断が求められたのは法の知識ではなく、当事者の声を聞き、成熟した市民としての健全な判断力を用いて、「実際には何があったか」という事実を判断することであった。それゆえ、審判員を前にした場合、訴訟当事者の弁論の優劣は、裁判の行方に決定的な影響をあたえることになる。そこで、登場するのが、訴訟当事者に代わって法廷弁論を行う、弁論家(rhetor)という職業である。いわば、今日の法廷弁護士の原型といってもよい。

こうしたなかで最も有名なのが、共和政末期の弁論家＝政治家キケロ(前一〇六—前四三年)であった。キケロは『雄弁家について』『トピカ』『構想論』などの弁論術にかんする数多くの著作を残しているが、その着想の源となったのはアリストテレスの『弁論術《レートリケー》』である。アリストテレスは弁論術を「どんな問題でもその各々について可能な説得の方法を見つけ出す能力」と規定した上で、次のような詳細な分析と整理を行っている。(i)一般的な説得方法としての説得推論(疑似三段論法)と例証、個別的な説得方法としての、制度的枠組(議会弁論・法廷弁論・儀式弁論)とそれぞれに対応する論点、説得相手である聴衆の類型論、人間感情のメカニズム。(ii)表現法(いわゆる修辞学)。(iii)弁論の配列法(序論・論題提起・説得立証・結論)。キケロの業績は、いわばギリシャ生まれの弁論術をローマ固有の政治体制と法秩序という土壌へとしっかりと根づかせたことであり、彼が残した多くの弁論書はその後、西洋における人文諸学全般に多大な影響を残すことになった。これはあくまでも筆者の考えであるが、アリストテレスの『弁論術』やキケロの諸著作は、今日の法学徒や実務家にとっても決して古びてはおらず、そこから得られるものは決して小さくはないと思われる。

ところで、帝政期に入ると、説得の技術としてのこれら弁論術の隆盛は急速にしぼんでしまう。キケロの次の世代の弁論術教師、クインティリアヌス(四〇—九六年)による教科書『弁論教程』では、弁論術は単に「よく弁じる術」となっており、アリストテレスやキケロでは最も重要であった「聴衆を説得する」という政治的次元が早くも消失しつつある。そしてやがて、文法学や弁証法(論理学)にならぶ、自由学芸(artes liberales)三科の枠に収められる頃にもなると、それは単なる修辞法と美文の学問となってしまう。

弁論が何らかの役割を演じるためには、その前提として、言葉による他者への説得が何らかの効果を生み、社会に一定のインパクトをあたえることを可能ならしめる制度的枠組が存在しなければならない。皇帝による独裁とはそもそもそうした制度的枠組の否定である以上、そこに弁論家の活動の余地はもはや残されず、皇帝による勅令と学者によるその解釈が法発展の中心を担うことになったとしても、もはや仕方のないことだろう。わが国における法廷弁護士の将来を考える上でも、ローマがたどった道筋は示唆的ではなかろうか。

㈢法律家について。訴訟当事者のみならず、法務官もまた法の素人であったので、法にかんする助言を行う専門家、すなわち法律家(iuris consultus)が生まれることとなった。法律家は公務員ではなく一般の私人であり、特別な養成機関や試験などを経ることなく、実務を通じて法的知識を身につけた。当初、法律家はその多くが名家の出身であったため、報酬は受けとらず、名誉のためにのみ働いた。主な仕事内容は、訴訟を起こす際の当事者にアドバイスをあたえること、遺言書や契約書の作成を手伝うこと、訴訟の方式書を工夫することであった。帝政期に入り、紀元後最初のほぼ二世紀は、技術的に最も洗練された段階に達したという意味でローマ法の古典期と呼ばれる。法律家たちは、民会が制定した法律、法務官の告示、契約書、遺言、皇帝の勅令といった様々な対象を取りあげ、互いに論争しながら、それらに解釈を加え、矛盾を論じ、ルールの背後にある原理を追い、同様な事例を探し出し、類推し、分類し、一定の配列に整序した。スカエウォラ(?—前八二年)、ラベオー(前五〇頃—後一〇年頃)、ガイウス(一三〇頃—一八〇年頃)、パピニアヌス(一四二—二一二年)、パウルス(三世紀)、ウルピアヌスといった、この時代の傑出した法律家たちが残した学説の断片の多くは、帝国の東西分裂後、やがてユスティニアヌスの『ローマ法大全』の一部に組み入れられ、一九世紀の終わりにいたるまで、法学のみならず実務に対しても、問題解決のための汲めども尽きぬ道具箱を提供することとなった。

一二世紀ルネサンス——解釈学の誕生

ゲルマン諸部族の度重なる侵入を受け、疲弊しきった西ローマ帝国は、四七六年、最後の皇帝の退位をもって崩壊する。西ヨーロッパでは、帝国の委託をうけた職業裁判官による裁判は失われ、主として、長らく共同体に受け継がれてきた「古きよき法」、つまり、ゲルマン慣習法に則った裁判が行われた。次章の刑事法のところでも述べるように、裁判の最も重要な目的は共同体内の紛争を解消し、平和を回復することであったから、判決にしたがわない当事者には最終的に「平和喪失」が宣言された。

一一世紀末から一二世紀にかけて、こうした流れが大きく変わる。学問と信仰に禁欲的に専心する托鉢修道会の各地での設立、イスラム世界からの大量の新知識の流入、そして、神学のパリ、医学のサレルノなどに代表される大学の誕生である。今日では、この目を見張るべき知の地殻変動を指して「一二世紀ルネサンス」という表現がすでに定着しているが、法学はこうした動きのなかで決定的に重要な役割を演じている。つまり、世界最古の大学としてのボローニャ大学の創設、ならびにその原動力となった古代ローマ法の再発見である。

なぜボローニャでこうしたことが起こったかという理由については、交通の要衝で商取引が盛んであったことや、神聖ローマ皇帝権と教皇権とが併存していたことなど、様々なことが言われるが、おそらく、この直前にピサで発見され、この地に伝わった『学説彙纂』の手写本を、自由学芸学校の教師たちが自らの三科(文法・弁論術・弁証法)の技法を総動員して解読し始めたことが最も大きな理由と考えられるだろう。実際、最初にユスティニアヌス法典を読み始めたイルネリウスは文法教師であり、彼は法実務とは無関係に、難しい語句を説明し、次いで一文全体の意味を明らかにし、註釈を文章の欄外に書き込んでいった。この独特のスタイルゆえに彼らはやがて「註釈学派」と呼ばれるようになる。彼らは『ローマ法大全』を聖書と同じく「聖なる書物」と見なしていたので、そこに調和できない矛盾が存在するはずはなく、一見した首尾一貫性のなさは、概念の整理や分類、個々の断片の背景にある一般規則を発見することにより解決されると考えていた。イルネリウスの時代から、その次の「法の百合」と呼ばれた四博士(ブルガールス、マルティーヌス、フーゴー、ヤコブス)の時代を経て、一世紀の後には、アックルシウス(一一八二―一二六〇年)がそれまでの註釈の集大成『標準註釈』を著す。『標準註釈』はユスティニアヌス法典それ自体と同等の権威を有するものとして扱われ、いわば法源としての力まで持つに至った(これは、法学者による権威ある註釈や学説に対しても制定法と同様の価値を見出す、今日の法学文化の原点と言える)。

ヨーロッパ各地から学生たちは、危険な旅を冒してでも、『ローマ法大全』を学ぶことのできる唯一の場所、ボローニャを目指した。見知らぬ異国の地で学生たちは同郷団を結成し、お互いに助け合った。午前中に行われた講義形式の授業では、教師がユスティニアヌスの法文に基づき「序言し、解説し、要約し、事案を再構成し、文章を読み上げ、解答の根拠を示し、註を加え、反対論を述べ」("Promitto, scindo, summo, casumque figuro, prolego, do causas, connoto, objicio……")、学生たちはそれを書き取った。午後の討論は二つのグループに分かれ、法文を根拠として議論を戦わせ、締めくくりに教師が自己の見解を示すことで終了した(いわば、これが現在の「演習《ゼミナール》」形式の原型である)。学生たちは、指定の写本商から写本を借り、自分用の写本をつくった。七年間の学業が終わると最終試験がある。これに合格すると「一般教授免許」が授与されるのだ。この資格は、どこでローマ法を講義してもよいとする純粋に学問的性格のものであり、イギリスの法曹学院《インズ・オヴ・コート》やアメリカのロースクールが後にあたえるような、法曹実務のための職業資格ではなかった。学生たちは、長い時間をかけてようやく手に入れたユスティニアヌス法典の写本と註釈を携えて、遠い故郷へと帰っていく。そして、ボローニャで獲得した写本、註釈、学識を基に、やがて学校を開き、ローマ法の教授を始めるのである。パドヴァ、モンペリエ、オックスフォード、プラハ、ウィーン、ハイデルベルク等々――一二世紀から一四世紀にかけて設立された大学の多くが、そのようにして始まった。その後、大学教授の鑑定意見を通じ、ローマ法は法曹実務のなかに次第に浸透していくが、それ以外にも、法学校卒業生が裁判官、弁護士、公証人として、宮廷、教会、都市の司法機関に入り込み、ローマ法の学識を元手とした一種のギルドを形成するようになる。こうして、再生したローマ法は、ヨーロッパ各地で共通に通用する「普通法《ユス・コムーネ》」(ius commune)と見なされるようになる。これが、西ヨーロッパにおける「ローマ法継受」と呼ばれるプロセスの概要である。

ボローニャの学者たちは、現在も大学法学部で行われているような学問と教育のスタイルを築き上げただけではなく、解釈の営みを通じ、何が真理であるか、誰がいかなる権威をもって真理を確定する権利を持つのかという、制度をめぐる西洋の思考枠組をいわば確定した。そして、これらの解釈実践とそれが規定する思考枠組は教育を通じて再生産され、タンポポの種子が飛ぶようにヨーロッパ各地へと散らばり、そこで根を下ろしたのである。その後、この法学固有の制度的思考枠組は、裁判を中心とする法曹実務のみならず、教会、国家行政、ビジネスといった、制度の管理・運営・維持にかかわるあらゆる領域へと浸透していくことになる。

法典編纂――理性法の夢

多くの人が抱いている誤解に、法というものは通常、六法に収められている憲法や民法など各種の法律のような法典のかたちをしているというものがある。国王や議会により制定され、いくつも条文を持ち、体系的にもまとまった法典ができたのは、つい最近のことなのだ。現在の目からすれば当たり前のものである法典も、歴史的に見れば、まさに革命的な発明だったのである。

次章の憲法のところでも触れるように、一七世紀、一八世紀という時代には、今日われわれが用いているような権利の概念や、国家主権の捉え方が現れ始めたという意味において、法の実体的内容の側面でも大きな変化が見られるが、その形式的側面においても同様の転換を見出すことができる。つまり、次のような発想である――デカルト＝ニュートン的な自然科学と同様に、まず、理性を通じて人間の自然的本性に経験的な考察を加え、いくつかの基本法則を導き出す。そして、次にこれら基本法則に、論理的・数学的演繹の操作を加え、派生する法則を引き出したり、関連する法則をグルーピングするなどして、理性によって見出された法の体系を築き上げる、このような考え方である。これらの着想は近代的自然法論と呼ばれたり、神の支えを必要とせず、自然法則のように、理性の目で見出すことのできる人間の自然法則という意味において、理性法論と呼ばれている。

このような思想の信奉者としては、『戦争と平和の法』を著し、国際法の父とも呼ばれるオランダのグロティウス(一五八三―一六四五年)、次章でもとりあげるイギリスのホッブズ(一五八八―一六七九年)、フランスのドマ(一六二五―九六年)、そして、ドイツのプーフェンドルフ(一六三二―九四年)、トマジウス(一六五五―一七二八年)、ヴォルフ(一六七九―一七五四年)らが有名である。これらの思想家が共通して抱いていたのは、当時、法実務においてすでに広範に受け入れられていた中世ボローニャ以来のローマ法学の通用力を一定程度は認めつつも、それが理性法によって検証され、さらに合理化・体系化されなければならないという信念であった。こうした信念の延長線上において、註釈学派このかた着々と蓄積されてきたローマ法の解釈を素材に、理性法にしたがった整序と体系化を経て、合理的で欠缺《けんけつ》のない法典を編纂するという夢が見られることとなったのである。

この夢をまず最初に実現させたのはバイエルン公国であった。一七五一年「バイエルン刑事法典」、一七五三年「バイエルン刑事訴訟法典」、そして一七五六年「マクシミリアン・バイエルン民法典」は、バイエルン慣習法を「普遍的な私法体系」にすべく、ヴォルフ派の理性法論に基づいて制定されたものにほかならない。次に、フリードリヒ大王の官房令に基づいて編纂事業が開始された、一七九四年「プロイセン一般ラント法」がある。民法、商法、団体法、教会法、国家法、刑法の全ての分野を含む、全一九一九条の非常に細々とした規定からなり、内容面でも、あまりにパターナリスティックであったため、制定と同時に陳腐化し、一九世紀を通じ通用力は保ったものの、法典としては失敗作であったと言われている。

オーストリアは最も早くから法典化の構想を持ちながら、その実現には時間がかかっている。早くも一六七一年に、哲学者、数学者、そして法学者でもあったライプニッツが、帝国枢密院議員の立場で法典化の提案を行っている。一七五三年には、マリア・テレジア(一七一七―八〇年)がオーストリア本国全領邦の私法統一のための法典編纂宮廷委員会を設置し、オーストリアのラント法に基づきながら、それを普通法の現代的慣用と「理性の一般法」である自然法とに結びつけるべく命じている。一七七六年にようやく、八巻にも及ぶ長大な「テレジア法典」が完成するが、結局、実用に堪えるものではなかった。レオポルト二世が組織した新委員会のもと、ウィーン大学自然法・ローマ法教授マルティーニ(一七二六―一八〇〇年)とその後継者ツァイラー(一七五一―一八一〇年)らの努力で、ようやく一八一一年「オーストリア王国全ドイツ継承国のための一般民法典」が公布される。ナポレオン法典をモデルとした明快な形式と表現、ツァイラーが信奉するカント哲学に則った柔軟な一般原理中心の構成を特徴としており、若干の修正はあるものの、現在もなお通用している。

数々の法典編纂のなかで最も成功した例は、フランス民法典、つまりナポレオン法典であるだろう。統一的な全フランス的法典の必要性をめぐる議論はフランス革命の以前からなされており、その準備は少しずつ整ってはいたが、ナポレオンのイニシアティブで一気に進んだのである。法学者ポルタリス(一七四六―一八〇七年)が中心となり、ドマの自然法論の影響下にある初期草案から、実務にとっても有用なポティエ(一六九九―一七七二年)の諸著作を土台として、一八〇四年「フランス人の民法典」として公布、施行された。全二二八一条、率直かつ簡潔な用語と文体、体系性な内容を持った法典であり、その構成はガイウスやユスティニアヌス法典の法学提要(Institutiones)方式を踏襲していた。フランス民法典はその完成度と実用性の高さゆえに世界各地へと輸出され、言語を換えただけのものがそのままその国の国家制定法として通用した事例も少なくない(それゆえ、すでに述べた江藤新平のアイデアも、それほど突飛なものではなかったのだ)。様々な社会変化を学説と判例によって受けとめ、制定後二〇〇年以上を経た今日でもなお、現行法規としての発展を続けている。

歴史法学から概念法学へ

本章を閉じるにあたり、ドイツ法典論争と歴史法学、そしてその後のドイツのパンデクテン法学について触れておきたい。というのも、すでに述べたわが国における西洋法の継受や法学教育とも、全く無縁ではないからである。

一八一四年、ナポレオン支配からの解放後の国民的熱狂のなかで、「ドイツ統一は統一法典から」と考えるハイデルベルク大学法学部教授ティボー(一七七二―一八四〇年)は、パンフレット『ドイツのための一般市民法の必要性』を著し、ナポレオン法典のように啓蒙主義的かつ合理主義的な全ドイツ的法典編纂の必要性を説いた。これに対し、ベルリン大学法学部教授サヴィニー(一七七九―一八六一年)はさっそく『立法および法学に対する現代の使命について』を執筆し、国民的法典の立法化には機は未だ熟していないとティボーの主張に対し断固たる異議を表明する。

サヴィニーが法典編纂を拒絶するのは、単なる状況判断のためではない。むしろ、法を本質的に慣習法的なものと見る独自の法理解のためであった。サヴィニーにとって法は、理性によって作為的に造り出されるものではなく、言語や習俗とともに、民族の生活のなかで持続的かつ有機的に発展するものであり、その意味で「民族の共通の意識」――あるいは彼の後の言葉でいう「民族精神」(Volksgeist)の所産であった。そして法は、まず最初は慣習として、次いで専門的な法律家集団による法曹法として発展するものである以上、法によるドイツ統一も、法典編纂という人為的介入によるのではなく、現在の法状態の発見を目指す「法律学」(Rechtswissenschaft)を通じて実現されなければならない。

こうした考えにしたがってサヴィニーは、一八一五年、ゲルマン法研究者のアイヒホルン(一七八一―一八五四年)らとともに『歴史法学雑誌』を発行し、これにより一つの学問運動として歴史法学派が誕生する。そして、大著『中世ローマ法史』(一八一二―三一年)と『現代ローマ法体系』(一八四〇―四九年)の完成により、サヴィニーはこのプログラムを実現へと導く。ただ、表題からも明らかなごとく、サヴィニーにとって「法・言語・習俗」というプログラムの対象は古ドイツ=ゲルマン法ではなく、あくまでも古代ローマ法であった。世界市民をもって認じるサヴィニーは、古代ローマの法律家たちが示した問題解決能力、方法論、技術のなかにこそ歴史法学が学ぶべき対象があると考えたのである。こうして、ゲルマン法学者たちは傍流へと追いやられ、歴史法学の主流はもっぱらローマ法学者たちによって占められることとなった(もちろん、ゲルマン法学者たちのなかにも、インド＝ヨーロッパ語族の研究で比較言語学の基礎を築き、古ドイツのメルヒェンを採集し、さらには、『法におけるポエジー』の研究により、法学にも新たな領域を拓いたヤーコプ・グリム(一七八五―一八六三年)をはじめ、重要な人物は数多い)。

ところで、すでに見たようにユスティニアヌスが編纂した古代ローマ法は、一定の整序はなされていたとは言え、英米のコモン・ローと同様に、本質的にはカズイスティク、つまり、個別事案に対する具体的解決策の集積と言わなければならない。サヴィニーは、これを当時のドイツの現実に適用可能とするために、概念の区別や整理の徹底により、これをさらに形式化・体系化し、そのために(三章で紹介するような)解釈の技法にかんする整理も行っている。彼の後継者たちはもっぱら、こうしたサヴィニーの体系的思考のみを引き継いでいったのである。

こうして歴史法学派は当初のプログラムとは裏腹に、法の歴史性への視座を喪失したいわゆる「概念法学」へとかたちを変えていく。たとえば、サヴィニーの後継者プフタ(一七九八―一八四六年)らは、『ローマ法大全』の素材を一九世紀の社会経済関係に適用可能とするため、「概念のピラミッド」を築き上げるかのように、意識的に抽象化の作業を加えていった。こうした手続きにより抽出された最も抽象的な法原理や法命題は、「総則」として集められ、これを先頭に一般的原則から特殊的準則へと進む、五部編成のいわゆる「パンデクテン体系」が形づくられる。日常的な法的問題に対する解答を、この体系から即座に引き出すことは難しくなったが、その抽象性ゆえに、ほとんどの事例をカバーすることが可能となり、それゆえに、「教科書」のかたちで大学の法学教育に活用されることとなった。ヴィントシャイト(一八一七―九二年)の「パンデクテン教科書」はこうした形式主義の一つの絶頂であり、これがほぼそのまま一九〇〇年制定のドイツ民法典へと受け継がれることになるのである。

以上で、本書における法の歴史の説明をひとまず終える。法と正義の関係、法にかかわるいくつかの職業のルーツ、講義と演習、学者による註釈《コンメンタール》の重み、教科書カルチャー、法典というものの思想的背景等々――歴史はいろいろな事柄を教えてくれる。歴史を知るということは、遠い昔の過ぎ去った事実をただひたすらに拾い集めることではない。それは、現在の制度が必然ではないということ、そして、それゆえに、別の仕方でもあり得るということを学ぶことである。歴史を理解することは、制度的想像力の拡大へとつながるのである。

二、生きられる空間を創る——法学はどんな意味で社会の役に立つのか

前章では、現在世界のほとんどの国で用いられている法制度の起源となった西洋法の歴史を大急ぎで概観した。古代ギリシャ哲学とローマ法に始まり、中世ボローニャの註釈学派を経て、近代の法典編纂に至るその歴史において、とりわけ重要だったのは、次の二点である。まず第一に、この歴史的な偶然の重なり合いのなかで、法制度や法実務の目的は(各人のあいだにおける公平な関係性、ならびに、それを可能とする調和ある秩序の確立と維持という意味における)「正義」の実現にあるということが確定され、その後、それが権利概念のなかへと取り込まれたり、法典編纂を通じて実定化され、かたちを変えつつも連綿と受け継がれてきたという点である。これはいわば、法の実質的な内容にかかわる側面と言える。そして第二に、自由学芸の対象として再発見された古代の法学テクストを解読=解釈するという営みのなかから、法学特有の思考方法や論証手続き、さらにはそうした思考方式の再生産システムが形成され、それがやがて司法制度にとどまらず、国家運営からビジネスに至る、制度の運営管理にかんする独特の知の形態が生みだされたということである。こちらは、法の形式面にかかわる側面と言うことができる。

本章では、こうした二つの側面のうち前者、つまり法の実体的な内容について検討を加える（法の形式的な側面、すなわち法的思考の在り方にかんしては、次章で取り扱う）。「はじめに」でも述べたように、実社会での法学の有用性はむしろ当たり前すぎる事柄と捉えられている。しかし、たとえそれが本当だとしても、「法はどのような意味で役に立っているのか、法はどんな働きを担うことが期待されているのか」という真に問うべき問いは、実はそれほど真面目に論じられていないように思われる。本章は、それらを明らかにすることにより、読者に、「法」という複数の制度の結合体にかんする全体的なイメージを描きだしてもらうことを目指すものである。

法に期待される役割と背景にある思想

法について学び始めた人が最初に六法全書などの法令集を開いたときにまず気がつくと思われることは、世の中には実に様々な法典や法律があるということだろう。目次から順に有名そうなものを手当たり次第に拾い上げただけでも、まずは憲法にはじまり、国籍法、公職選挙法、裁判所法、裁判員法、弁護士法、国家公務員法、地方自治法、行政手続法、国家賠償法、個人情報保護法、警察法、建築基準法、環境基本法、教育基本法、宗教法人法、刑法、刑事訴訟法、少年法、労働基準法、男女雇用機会均等法、労働者災害補償保険法、職業安定法、国民年金法、生活保護法、児童福祉法、臓器移植法、民法、不動産登記法、借地借家法、製造物責任法、商法、民事訴訟法、破産法、独占禁止法、消費者契約法、特許法、著作権法等々……たくさんありすぎていい加減うんざりしてくるが、もちろん実際には、さらに無数の法律が存在するばかりか、国会での制定作業を通じて、その数は今なお増殖を続けているのである。このような雑然とした法律の数々をどのように整理し、理解すればよいのだろうか。

さいわいなことに、これら一連の法律は、通常、規制対象や目的にしたがってグルーピングされている。たとえば、個人間のお金のやり取りや家族関係にかかわる法律群は「私法」ないしは「民事法」、犯罪とその処罰にかかわるものは「刑事法」、国家と個人の関係にかんしては憲法を中心とする「公法」、仕事や生活の保障にかんしては「社会法」といった具合である。ここでは、若干視点を変えて、それらを法の目的や機能――別の言葉でいえば、各々の法制度の背景にある思想という面から見ていくことにしよう。というのも、前章でも確認したように、全体としての「法」の目的は、そもそもその定義からして、公平な関係性とそれを可能とする秩序の確立という意味における、正義の実現であるが、それと同時に、規制対象となる領域ごとの主導的な目的、ないしは制度内在的な思想が存在しており、そしてそれに沿って組織化されているからである。めまいがするほど数多くあり、全てを網羅することはほぼ不可能にも感じられる法ではあるが、その主導的な目的、ないしは思想から押さえていくことによって、法領域ごとの特質、さらにはそれらが互いに結びつくことで生まれる、「法」のモザイク状の全体像を、より容易に思い描くことができるようになるのではないだろうか。

活動促進と紛争解決——民事法の役割

前章でも確認したように、学問としての「法学」は古代ローマ法以来、いわゆる私法ないしは民事法を中心に発展してきた。だが、まだ年若い初学者にとって民法というものは、それが何のためにあり、どんな働きを担うものか、なかなか具体的なイメージを摑みにくい法分野でもある。実社会で働いたり、自分でアパートを借りたり、家庭を持ったりといったことを身をもって経験していない以上、それは当然のことだろう。だが、これらの法が担う機能は、おそらく法の最も古く、また普遍的な働きの一つと言わなければならない。

いつの時代のどの文化圏であっても、人という動物は、まず、いろいろなものを採取したり、生産したりする。そして、それを自己の所有物として消費し、貯蔵し、あるいは交換する。もし悪意をもって、あるいは、ついうっかりと他人の物に損害をあたえれば、それを弁償しなければならない。また、多くの場合、人は家族やそれに類した共同生活の単位を作り、これを通じて、種、言葉をはじめとする文化、財産などを次の世代へと伝達する。このようにして人間は自分たちを再生産するのである。このように書くと、人間の営みとはひどく単純な、当たり前のことの反復であるようにも思われるが、残念なことに、これらは必ずしも常にスムーズに運ぶとは限らない。採取や生産により手に入れたものは誰のものか(最初に獲得した者のものか、あるいは土地の持ち主のものか。労働を加えた者のものか、作業場の持ち主のものか、あるいは資金提供者のものか)、交換は約束通りなされたのか、あるいはそもそも約束それ自体が不当なものであったのか、生じた損害は本当は誰の責任なのか、また、その損害に対し何をもって賠償すればよいのか、この男性ないしは女性は誰のパートナーか、この子どもは誰の子か、この財産を誰が引き継ぐのか……こうした争いがしばしば持ち上がるからである。しかし、もしこうした事柄にかんする取り決めが事前に存在しなければ、その争いは原理上は永遠に続くことになり、当事者たちが本来得ようと努めていたものはますます遠ざかっていくことだろう。ところが、あらかじめ皆が共通に承認した一連の規則があれば、時間とエネルギーを無駄に消耗してしまわずとも、そうした争いは事前に回避され得るだろうし、仮に争いが生じたとしても、その解決はずいぶん容易となるに違いない。つまり、あらかじめルールを設定し、これに沿って行為をする、ないしそれに則って争いを解消することにより、各人が自ら選んだ目的を追求するための活動はいっそう促進されるのである。もちろん、そうしたルールが誰からも承認され、受け入れられるには、全ての当事者を分け隔てなく公平に扱う、すなわち「等しきものを等しく」という意味における正義に適ったものである必要がある。

それゆえ、先に示したような人間の様々な営みについて、法の全体的な枠組のなかで、それぞれ所有、契約、損害賠償、家族関係を主題とする規則群が形成されることとなった。現在の日本法や、そのお手本になったフランス法、ドイツ法にあっては、これらが集まって「民法」という網羅的な法典を構成している。また、判例法主義をとるイギリス法やアメリカ法においても、「民法」といった大きな括りはないものの、それぞれ独立した分野として所有権法、契約法、不法行為法、家族法が確立されている。興味深いことに、西洋に起源を有するこれらいわゆる近代法に限らず、ほとんどの法文化は、所有、契約、損害賠償、家族関係にかかわる規則群を何らかのかたちで有している。おそらくその理由は、そうした規範群の存在が、人間という協働生活を営む動物が生きていく上で決して欠くことのできない条件となっているからであろう。この意味で、活動促進や紛争解決の働きは、(次の社会統制機能の一部とならんで)最も基層的な、人類学的とでも呼ぶべき法の機能と言えるかもしれない。

社会統制と秩序維持——刑事法の役割

民事法に較べ、犯罪や刑罰を扱う刑事法は、小さな子どもを含め、法といえばまず引き合いに出されるほどに人気がある。この刑事法に期待される働き＝機能は、通常、社会統制や秩序維持にあるとされているが、この機能は、先ほど述べた活動促進や紛争解決と同じく、最も古く、また普遍的に観察される法の働きであると言えるだろう。たとえば、われわれが今日用いている近代的な刑事法システムのほかにも、ハンムラビ法典、中国の律令、イスラム法における刑罰規定などを想起してもらえば分かるように、法というものには、殺人・窃盗・詐欺といった社会全体の営みの妨げとなる行動に対して、刑罰をはじめとする物理的な実力行使を伴う制裁、ないしはその威嚇を通じこれを排除することにより、一定の社会的秩序を維持する働きがある。だが、当事者自身が自ら法を用いることが期待される先ほどの民事法とは異なり、これらの法を用いて実力を伴う制裁を行うことが認められるのは被害者やその家族ではなく、国家である。なぜ、このようなことになっているのだろうか。

歴史資料が教えるところによれば、たとえば、古代や中世のゲルマン社会では、自分や親族の一員が不当な侵害に遭ったり、殺されたりした場合には、加えられた不正を自らの手で回復するために、贖罪金の要求とならんで、フェーデ(独)やベンデッタ(伊)と呼ばれる一種の自力救済、仇討ちを行うことが広く認められていた。なぜなら、これもまた、加えられた害悪に見合うだけの報い、すなわち「応報」という意味において、「各人のものを各人に」という正義の要請に則った行為だからである。だが、『ロミオとジュリエット』の憎しみ合う二つの家族や、暴力団同士の止むことのない抗争のように、仇討ちの連鎖は原理上は永遠に続くものであり、結果として、共同体全体の平和な営み——先ほどの所有、契約、損害賠償、家族関係にかかわる営み——を崩壊せしめかねない。それゆえ、近世の開始とともに王権や教会が台頭してくると、小共同体のものであった裁判権が国家化されていくとともに、(わが国における「刀狩り」の過程のように)自力救済つまり復讐の権利もまた個人の手から簒奪され、国家刑罰権へと置き換えられていったのである。このように、主として刑事法が担う法の社会統制機能は、諸個人間の公平な関係性を規律する正義観念の一形態としての「応報」を目的とする一方、その担い手をあくまでも「国家」に限定している。刑事裁判の主たる登場人物が、長らく犯罪加害者と国家の代理人たる検察官との二者のみに限られ、そこに被害者やその家族の場所が——証人席か傍聴席のほかには——存在しなかったのもこのためにほかならない。だからこそ、犯罪被害者やその家族に対する救済は、刑事裁判とは独立に提起される民事裁判——具体的には、金銭的な賠償をめざして被害者対加害者で争われる不法行為訴訟という手立てを取るほかになかったのである。たしかに、平和な秩序の確立と維持という観点からすれば、仇討ちや復讐の合法化は、すでに乗り越えられた過去への逆行のようにも感じられる。しかし、被害者の応報感情が公平な関係性をめぐる正義観念の一つの表れである限りにおいて、その可能性は単なる思考実験にとどまらず、法と正義をめぐる真剣な考察への素材を提供するようにも思われる。ちなみに、わが国ではつい先頃、犯罪被害者の権利利益保護という観点から刑事訴訟法の改正が行われ、被害者が検事席の横で裁判に参加できるようになったことは記憶に新しい。

さて、若干脇道にそれてしまったので、話を元に戻そう。先に述べたようなことは、実力を伴う制裁という観点を中心に、法の社会統制機能のいわば基層にかかわる論点である。だが、チェーザレ・ベッカリーア(一七三八—九四年)の『犯罪と刑罰』に始まるとされる近代的な刑事司法の下では、さらに次のような三つの観点がさらに重要となってくる。近代刑法における社会統制は、まず第一に、刑罰による制裁の執行それ自体を目指すというより、逸脱行為とそれに対応する処罰、つまり罪と罰の一覧表を公開しておくことにより、犯罪そのものを割に合わないものとして諦めさせる、すなわち犯罪の未然防止、間接的抑止を目指すものであるという点である。というのも、大きな危険と少なからぬ費用をともなう直接的な犯罪の阻止・摘発・刑の執行よりも、ずっと安上がりで大きな実効性が期待され得るからである(これは、刑法の教科書などで「一般予防」と呼ばれるものである)。第二に、統制の働きは、警察や検察など国家の側から被疑者・被告人へと向けられるのみならず、個人の側も、マスメディアなどの情報や、たとえば検察審査会制度のような公的な制度枠組を通じて、警察や検察など法執行機関の活動を絶えずチェックし、必要とあらばこれを批判することを通じ、それに対する統制を行う。つまり、近代刑法における社会統制は、「上から下へ」のコントロールと「下から上へ」向かうコントロールが同時に働く双方向的な統制でなければならないということである。この論点がとりわけ重要であるのは、現代社会においては、いつどこで嫌疑をかけられるかわからず、その意味において、誰もが潜在的な被疑者となる可能性を想定しておかなければならないからである。仮に、マスメディアが警察や検察などの公機関の発表をそのまま垂れ流し、捜査や訴追のあり方をめぐる人々の疑問や批判が一方的に握り潰されてしまうような状況が常態化しているとすれば、そこには近代的な意味における法、そして公平な取り扱いという意味における正義は存在しないと言わなければならない。第三に、社会統制の権限は、警察や検察などの公機関がその都度、恣意的なかたちで行使するようなものであってはならず、あくまでも、あらかじめ公式に定められたルールと手続きに則って運用されなければならない。広範で強い力を持つ「国家」に対し、個人の力は微々たるものである。このような圧倒的な力の不均衡があるからこそ、罪刑法定主義や拷問の禁止などの憲法上の人権保障や、これに沿って詳細に規定された刑事訴訟法上の規則と手続きが必要となるのである。

すでにみたように、法の活動促進機能や紛争解決機能は、諸々の個人間の水平的な関係にかかわるものなので、所有、契約、損害賠償、家族関係についての共通のルールを共同体の誰もが承認し、中立的な判断を司る者やそのための場所《フォーラム》――つまり法廷のようなもの――が存在し、そこで下された判断の結果を紛争当事者が受け入れる限りにおいて、そこでは必ずしも「国家」は必要ではない。というのも、ルールを作り、仲裁や裁判を行い、下された決定を執行する何らかの組織がありさえすれば、それはいわゆる「国家」でなくてもよいのだから。もし法に期待される役割が活動促進や紛争解決だけで十分だとすれば、アナーキスト(無政府主義者)やリバタリアン(自由至上主義者)が主張するような「国家なき社会」も決して夢物語ではないに違いない。また、制裁やその威嚇による逸脱行動の抑止といった社会統制機能についてみても、現代アメリカの哲学者ロバート・ノージック(一九三八―二〇〇二年)が『アナーキー・国家・ユートピア』のなかで鮮やかに描いてみせたように、理論上は、民間の安全保障＝制裁機関のようなものを考えることができる。ところで、つい今しがた確認した通り、実際の歴史を振り返れば、自力救済や復讐を禁止しながら、物理的実力を伴う制裁の権限を独占していったのは「国家」にほかならない。事実、「国家」は制裁だけでなく、ルール作り・裁定・決定の執行にかかわるほとんど全ての権限を掌握していった。そこで、次の三つの問いが生じる。すなわち、㈠なぜ「国家」はそのような広範な権限を有することができるのか。㈡「国家」ないしは、それを統治する仕組みはどのようなかたちをとるべきか。㈢強大な

「国家」の権限に対し諸々の個人の自由をいかに保護するか。誤りを恐れず単純化すれば、近代的な意味における憲法、そして憲法学は、第一の問いに対する回答の試みを思想的基盤として抱きつつ、第二の問いへの答えを統治機構論、および第三の問いへのそれを人権論として、それぞれ展開するものである。

まず、国家が有する幅広い権限の正当化理論であるが、これは国家がいかに生じたかにかんする説明と結びつけられる場合が多い。たとえば、ある一族が戦争や政略結婚を通じて他の豪族の数々を併合＝吸収し、とうとう一定の領域内における絶対的な覇権を掌握するに至ったといったような、歴史的・事実的な説明もあれば、現在の王族の祖先を順に遡っていくと、最後には、人間の力を超えた何らかの神的存在にたどりつくといった、血統による正当化論も存在した(実際、次にあげるジョン・ロックが批判したロバート・フィルマーの王権神授説は、イギリス国王が有する絶対的な権限は、最初の人類たるアダムの子孫であるということに由来すると主張した)。だが、今日われわれが慣れ親しんでいる近代憲法において最も有力な正当化理論の一つは、ホッブズやロックに端を発する社会契約論であるだろう。

主著『リヴァイアサン』に述べられたトマス・ホッブズ(一五八八—一六七九年)の社会契約論は、いわば性悪説的な人間観——「人間は人間に対する狼」——に立って、人間集団の初期設定(自然状態)を「万民の万民に対する闘争」とでも呼ぶべき無法状態と捉えるならば、そこからどのような仕方で「国家」という政治的単位が生成され得るかということを問いかける、一種の思考実験であった。ホッブズは、次のように論じている。人が生まれながらに有する自己保存の権利、すなわち自然権を全員がたった一人の人間に譲渡することにより社会契約が締結され、その結果、その唯一者は君主=主権者として君臨する一方、他の全員は臣民として、君主の庇護の下での安全、ならびに君主が認める限りにおいての法的権利を獲得する。ホッブズはこのような仕方で、国家の成立とそれが有する強大な権限の根拠を説明したが、それは同時に、王権の絶対的な権力を正当化するものともなった。

しかし、日本国憲法を含む多くの近代憲法典にさらに大きな影響をあたえているのは、『政府二論』の第二論文で展開されているジョン・ロック(一六三二―一七〇四年)の社会契約論であるだろう。ロックによれば、人間の本性はそれほど邪悪なものではなく、人は通常、自然状態にあって、生命・自由・財産に対する固有の権利(rights of property)を享受しつつ、外部世界に労働を加えながら、他者と平和に共存しているとされる。ところが、そこには共通のルール、公平な裁判官、決定の執行者がいないため、ひとたび諍いが生じると社会はきわめて不安定な状態へと陥ってしまう。そこで、人々は全員一致で政府を設立し、それに一定業務の権限を「信託」(trust)する――これがロックにおける社会契約の成立にほかならない。こうして市民たちの信託により確立される政府の権限のうち、とりわけ重要なのがルールの制定(立法)、中立的な判断(司法)、決定の執行(行政)であり、さらにこれに外交が加わる。政府の構成メンバーは選挙により選出され、もし彼らが市民たちの信託を裏切るようなことがあれば、選挙によるメンバー・チェンジが行われるのみならず、万が一、政府が暴政を敷き、生命・財産・自由に対する人々の譲り渡すことのできない自然権を侵害して恥じ入るところがなければ、市民は立ち上がって抵抗する権利(抵抗権=革命権)さえ有するのである。もちろん、この最後の権利までは公然とは承認しないものの、政府=統治機構の構成といい、諸個人に認められた生命、財産、自由、政治参加の権利といい、ここには近代憲法に不可欠な要素がほぼ出そろっていると言うことができる。

最初の近代憲法と呼ばれる一七八七年制定のアメリカ合州国憲法は、ロックの社会契約論の影響を受けつつも、植民地の経験を踏まえた暴政回避のための激しい議論を経て、三権が相互にバランスを取りながら突出した権力集中を巧みに回避し、これにより間接的に国民の自由な活動の余地を保護するような、革新的な統治機構を定式化した。また、一七九一年には、一〇条の修正条項からなる基本的権利のカタログ、すなわち、権利章典(Bill of Rights)が加えられ、国家に対する個人の権利と自由の保障はさらに確固たるものとなった。わが国の現行憲法も、その前文において、社会契約をめぐるジョン・ロックの思想を彷彿とさせるかたちで、政府はそもそも「国民の厳粛な信託による」ものであると宣言し、その権威の源が国民にあることを確認した上で、まずは基本権カタログによる権利や自由の保障、次いで統治機構にかんする規定を行っている。

一般に、憲法の勉強を始めた学生の多くにとっては、統治機構論の授業よりも、基本的人権論のそれの方が興味深く感じられるらしい。たしかに、基本的人権論の授業では、第四章でも触れる尊属殺重罰規定と法の下の平等の衝突、宗教上の理由による輸血拒否、自己決定と尊厳死、監視カメラとプライバシー、テロリスト対策と予防拘禁、等々、面白そうなテーマや判例が目白押しである。ただ、一つ確認しておかなければならないことは、個人の権利や自由の保障が実効性を持つためには、まともな統治機構が整備され、実際に機能していることが前提として欠かせないということである。たとえば、旧ソヴィエト・ロシアの憲法は、世界的に見ても素晴らしい権利章典を有していたとされている。しかし、そこには、過度の権力集中を避けるバランスのとれた統治機構が存在しなかったために、優れた権利章典はあたかも絵に描いた餅――あるいは、美しい写真だけで実は商品はこの世に存在もしないカタログのように、国家による侵害から人々の自由を守ることはなかったのである。

資源配分――社会保障法・労働法・経済法・環境法

本章で描き出された法の世界の全体像を、ひとまずここで確認しておくと次のようになる。まず、所有、契約、損害賠償、家族関係にかかわり、活動促進や紛争解決の働きを行う民事的な法律群が存在し、その傍らに、社会の平和な営みを脅かす逸脱行動を制裁やその威嚇によりコントロールする刑事的な法律群が存在している。これらはともに人類学的と言ってもよい法の基層を形成しており、(古代ゲルマン法がそうであったように)国家装置による担保を必ずしも必要とはしなかった。だが、絶対王制から市民革命の時代を経て、国家の主権と諸個人の権利や自由をともに正当化するような、近代的な憲法思想が確立され、そうした法の基層の上に積み重ねられることとなった。また、これにより、警察・検察等の国家機関に対する監視などの「下からの統制」や、被疑者・被告人の人権保護を考慮に入れた刑事訴訟手続など、刑事法が担う社会統制機能もまた、これに見合った変容を経験することとなったのである。ところで、この点にかんしては、まだ述べてはいなかったが、民事法が担う機能も同様の変容を被っている。つまり、一八〇四年に制定されたフランス民法典に見られるように、個人の自由意思をとりわけ重視するような考え方が、所有権法、契約法、不法行為法、家族法のなかにも入り込んできたということである。つまり、民事法の機能は、これらの事柄について各人が行った自由な選択を可能な限り尊重し、これを支援、促進するといったかたちへと変容を遂げたのである。そして、第三の地層としてその上に重なるのが、二〇世紀に出現した社会保障法、労働法、経済法、環境法などの新たな法律群である。

そうした新たな法律群が必要となったのは、一九世紀後半に顕著となり始めた産業化の負の側面により、諸々の自由の足場が掘り崩され始めたからにほかならない。たとえば、労働契約を例にあげれば、商品の売り買いのように、働く側と雇い主の意思が合致した場合に、それは自由に結ばれることになっている。ただし、今日の食事もままならないほど困窮にあえぐ人であれば、ほかに仕事がないなら、低賃金で劣悪な条件の仕事であってもそれを受け入れざるを得ないに違いない。しかし、これを本当に自由な職業選択と呼ぶのだろうか。選択肢が一つしか存在せず、それを選ぶほかに道がなければ、それは強制と何ら変わらないからである。もし、自由な選択、自由な自己決定というものを真面目に受けとめるなら、それを可能にするための条件を無理矢理にでも整える必要がある——つまり最低限の労働条件や賃金を公的な権限で定めたり、雇い主と同等の交渉力が持てるように労働組合の結成を認めるといったことである。これこそが労働法の生成の背景となった思想であるが、同じことは社会保障にかんしても言える。自らの自由意思で疾病や老齢などのリスクに備えることができない人々に対し、国家が一種の巨大な保険の役割を担うことにより、最低限の生活を保障し、その自由な選択による活動を支援するということである。さらには、独占禁止法のような経済法も、寡占的影響力を持つ大企業の活動に一定の制約を課すことにより、小さな事業者でも参入することができるような、自由な競争市場の条件を整えるものであったし、また、環境法も、自由な経済活動の名の下に行われてきた野放しの水質汚濁・大気汚染・騒音に規制を加え、必ずしも強い交渉力を持つわけではない周辺住民の生命・自由・財産の権利を守ろうとするものと言うことができるだろう。

このように、とりわけ二〇世紀に拡大を始めたこれら一連の新たな法領域は、そもそも近代法の核となった「自由」の理念の実質化を目指すものであったと理解するのが適切である。だが、こうした法が実効性を発揮するためには、それらの規制領域に専門的に携わる組織、人員、そしてその予算的な裏づけを必要とする。つまり、法が種々の資源配分にかかわるようになったのである。その結果、制度の内在的な論理にしたがい、そのコストも次第に肥大していくことになる。

こうして、自由の実質化を目指して始まったはずのこれら新たな法領域は、一九八〇年代以降、「大きな政府」に対する批判の合唱のなかで、様々な修正を受け始める。たとえば、労働法であれば、自由な働き方の奨励という名の下に進められた、派遣労働の原則自由化や最低賃金規制の見直しなどが即座に思い浮かぶ。社会保障法関連でも、ローリスク・ローリターンの貯蓄型からハイリスク・ハイリターンの投機的金融商品にいたる複数の選択肢のなかから、被保険者自身が自らの判断で自由に選択することができる、市場原理導入型の年金スキームがいくつかの国で採用されたことが記憶に新しい。

このような試みが成功であったかどうか、また、多くの人々に恩恵を及ぼしたか否か——われわれは現在、その一つの帰結を目撃しつつある。ただ、筆者がつくづく思うことは、次のことである。アリストテレスや古代ローマ法の時代からこのかた、「法」の営みは、公平な関係性とそれを可能にする秩序という意味における正義の実現を目的とし、それを通じて「人が生きられる空間」を創出する試みであった。しかし、近年では、「法」それ自体とそもそも一体であったはずのそうした目的、制度内在的な思想は次第に忘れられ、法を単なる利益誘導や利潤獲得のための手段と捉える、あからさまな「法道具主義」が発言権を持ち始めているのではないか。しかし、この点にかんしては一旦筆を置き、第四章であらためて取りあげることとしたい。

三、制度知の担い手となる——法学を学ぶ意味とは何か

法学を学ぶ意味とは?

法学を学ぶとは、いったいどんなことだろう。法学を学んで、そこにどんな意味があるのだろうか。試みに、知り合いの高校生にたずねてみると、「法律を覚える」といった答えが返ってきた。英単語や歴史の年号を覚えるように、法律も覚えておくと何かしら役に立つのではないかということらしい。ところが、前章冒頭でも確認したように、法律には膨大な数があって、とても全てを覚えられたものではないし、そもそも本だってあるのだから、そんな苦労をしなくても必要に応じてそれらを参照すれば済む話である(しかも最近では、国内外の重要な法律の多くがインターネット経由で簡単に見つかるし、かつては手に入れるだけでも一苦労であった国際機関等の公式文書についても、その多くがダウンロード可能となっている)。

今度は法学部の一年生にたずねると、「法律を使ってトラブルを解決する方法を学ぶ」という答えであった。これはなかなかよさそうな答えではあるけれども、学部の授業だけではとてもそこまではできないし、たとえ法科大学院の修了後でも、そうしたことを即座にやってのけることができ

る人はごく限られるというのが正直なところだ。実際のところ、司法試験に合格し、その後の研修を終わった後も、ほとんどの人が先輩の後について、長い修業生活を送るという選択肢をえらぶ。きっと、裁判官であれ弁護士であれ、実務家として独り立ちするためには、学問としての法学が教える以上の、さらに具体的な経験と、それを通じてはじめて体得することができるような、ある種の実践知が必要なのだろう。では、あらためて、大学で法学を学ぶことの意味はいったいどこにあるのか。

この同じ問いを、大学で法学を教える教員にぶつけてみると、次のような答えが返ってくるかもしれない。「法的なものの考え方を学ぶ」とか、(少し気どって?)「リーガル・マインドを身につける」とかいった答えである(たずねた相手がアメリカ帰りの先生なら、「法律家のように考えること Thinking Like a Lawyer」と答えてくれるかもしれない)。いずれにしても、「法律を覚える」とか「トラブル解決」といったイメージしやすい答えに較べ、何だか雲をつかむような抽象的な回答である。そこで、「その法的な考え方とは具体的にどんなものですか」と重ねてたずねると、その答えは「それは法学部の(あるいは法科大学院の)数年間で、君がこれからじっくり学ぶことだ」というものであった。思い切って質問をしたのに、こんな答えしか返ってこなければ、ほとんどの人は、上手にはぐらかされたと思うに違いない。しかし、善意に受けとめれば、その答えはある意味で、精一杯の誠実な回答とも言える。というのも、法的な考え方といっても、裁判官のそれ、弁護士のそれ、行政官のそれのうち、どれを主軸に据えるかによって描かれるイメージは大きく異なってくるし、その各々に対する捉え方も人によってずいぶんと違うはずだからである。

残念ながら、本書もまた、先にあげた法学部や法科大学院の先生方とほとんど変わらない抽象的な答えしか提示することができない。つまり、(歴史のなかで結晶化してきた)制度的枠組のなかで考えるやり方を学ぶこと、そして、この意味における法的思考の担い手になるというのが、「法学を学ぶ意味とは何か」という問いに対する本書の答えである。ただ、本書はここで終わらずに、法的なものの考え方、ないしは法的思考というものの内側へともう一歩足を踏み入れ、その肉づけを試みたいと思う。それにより、制度知としての法的思考のより具体的な姿と、さらにはその限界と可能性が明らかとなるように思われるからである。

ここで本章のアプローチについて、若干の限定を加えておく必要があるだろう。まず第一に、何らかの自然科学的な手法——たとえば、脳の解剖や、脳波の測定、シナプス間の情報伝達過程の解明、等々——によって裁判官や弁護士の頭のなかをどんなに調べたところで、思考という営みの「法的」側面が明らかにされるとは、おそらくは想像することができない以上、本書のアプローチは、あくまでも、文書のかたちで残されたものや、口頭で直接うかがった話といった、言語化されたものだけを再構成の素材とせざるを得ない。

第二に、本章は、あくまでも、裁判という制度的枠組を前提として、各種の法律にしたがって紛争解決を目指すような場合のものの考え方——すなわち、裁判官が職務を遂行するにあたり尊重すべき思考様式を、法的思考の範型《パラダイム》とする。というのも、あくまでも制度的枠組の内側に踏みとどまって考えるという、制度知としての法的思考の在り方を、今日において最も典型的に示しているのは裁判官の思考であるように思われるからである。

（しかし、この点については、当然、異論もあるだろう。第一章でも確認したように、弁護士や行政官も、法の担い手として固有の歴史と役割を有しているのなら、いかなる理由で裁判官だけを特権化するのか――といった批判である。これに対しては、ひとまず次のように答えておきたい。たしかに、弁護士をモデルに考えれば、交渉とかリスク管理といった側面も考慮しなければならないし、種々の法律の策定にかかわる行政官に焦点を当てれば、経済学的な衡量にも目配りをする必要があるに違いない。とはいえ、弁護士にしても行政官にしても、純粋なマネージャーでも経済学者でもなく、あくまでも法的な思考訓練をベースとして職務に取りくむ以上、まずは裁判官をモデルとし、これを主軸に据えた上で、そこからマネージメント的思考、ないしは経済学的思考への偏差を測るといったやり方が、説明と理解の戦略としてむしろ有益であると考える。）

これらの限定を確認した上で、ようやく法的思考の特徴にかんする議論へと入ることとしよう。まずは、法的思考にかんする大まかなイメージをつかんでもらうため、その特徴を「考えること」、すなわち、思考についての一般的な学であり、またそれと同時に、（第一章の歴史編で確認したように）法学の実質的思想内容の生みの親でもあった哲学と対比することから始めてみよう。

法的思考のいくつかの特徴――哲学との対比

論理性　まず、哲学的思考について見てみよう。まず、「哲学＝フィロソフィー」という学問は、その語源が古代ギリシャの「知」(sophia)を「愛する」(philein)という二つの言葉にあることからもわかるように、「知りたい」という純粋な欲求から出発して、この世の中のあらゆる事象についてその根本的なところから考えるものである(だから昔は、数学、物理学、天文学、化学といった自然科学もまた「フィロソフィー」の一部となった。ちなみに「哲学」という日本語は、第一章でも少し触れた西周により、明治時代のはじめにつくられた訳語である)。生きることの意味は何か、死ぬこととは何か、ものがそこに存在するとは何か、世界とは何か、友情とは何か、人が集団をつくって生活することの意味は何か、社会とは何か、そして、法とは何か――あらゆることが哲学的思考の対象となる。その意味で、哲学という学問は、若干窮屈な法学から見れば羨ましいほどに、限りなく自由な思考の幅を有している。しかし、だからといって、哲学は、明日のパンの心配のないところで、ふと思いついただけの好き勝手な事柄を思う存分に考えるものかというと、決してそういうわけでもあるまい。その起源を想起するならば、哲学はそのそもそもの始めから、二人以上の人間のあいだでの対話、ないしは「議論」を前提とするものであり、そして最終的には、相手の「説得」を目的とするものとしてあったからである。

相手を説得し、自分の意見に合意させるためには、首尾一貫し、筋道の通った議論の立て方をしなければならない。こうして、論理的な明晰性や首尾一貫性といったものが、哲学という営みの最低限の要件となる。哲学の歴史において、形式論理(＝三段論法)が思考を混乱なく導いていくための道具《オルガノン》として定式化されたのも、そのためにほかならない。たとえば、次のような推論の流れがそれである。大前提「あらゆる人間はやがて死ぬ」――小前提「ソクラテスは人間である」――結論「ソクラテスはやがて死ぬ」。いかに複雑で斬新なことを言っているようでも、あらゆる哲学の営みは、こうした形式論理、三段論法の積み重ねであると言わなければならない。つまり、哲学的思考の一つの特徴はこうした論理性にあり、これを活用することを通じて、哲学は「～とは何か」といった問いに対する答えを見出そうとする。

では、法的思考の方は、どうだろうか。法の営みも究極的には、裁判という制度化された場所において、相対する二人以上の当事者、それに中立的な第三者としての裁判官を加えて行われる「議論」であり、しかもその最終的目標は、裁判官を、そしてさらには訴訟の相手方や一般的な「聴衆」を、「説得」することである(第一章の法の歴史のところで、アリストテレスやキケロの『弁論術』について、普通必要と思われる以上に紙幅が割かれていたことを思い出してほしい)。したがって、法的思考においても、哲学的な判断と同様に、首尾一貫し、筋道の通った議論を行うことが必要となってくる。たとえば、大前提「盗みを働いたものは処罰されなければならない」(法律の文言)――小前提「ソクラテスは盗みを働いた」(事実)――結論「ソクラテスは処罰されなければならない」(判決)といった具合に。そして、こうした論理的な議論の組み立て方は、通常、「法的三段論法」と呼ばれる。このように、哲学的思考と法的思考は論理性という点で、たしかにかなり似通った性格を有しているのである(もっとも、次のような大きな違いも存在する。たとえば、一般の形式論理が、大前提、小前提、結論とすべて「～である」(is, sein)文で表現できるような「事実」の論理であるのに対し、法的三段論法は、小前提だけが事実であって、残りの大前提と結論は「～ねばならない」「～べきである」(ought to, sollen)文で表現される「規範」の論理である)。

権威的性格　だが、両者に共通する特徴はここまでである。哲学という営みの最も重要な特徴は、すでに見たように、あらゆる事柄を問題として取りあげることができるという点にある。先ほどの三段論法を例にとれば、そこでは「あらゆる人間はやがて死ぬ」という文が大前提となっていたが、哲学的議論においては、つねにこうした大前提が議論の相手に無批判に受け入れられるとは限らない。もしかしたら議論の相手は「死ななかった人間がこれまでに一人もいなかったことを証明してみせろ」とかいった、思いがけない反論を繰り出してくるかもしれないし、「そもそも人間とはいったい何であるのか」とか、「そもそも死とは何か」といった問いを返すことで、大前提それ自体の切り崩しを図るかもしれない。もちろん、最初に大前提を提示した側は、こうした問いに真正面から取り組んでもよいし、上手に交通整理をして、一時的にやりすごすことも考えられる。しかし、哲学的議論の目的が相手の説得にあるのだとすれば、いかに馬鹿げた反論と思われたとしても、自らの答えを見出せないままに永遠にそれを無視し去ることは――おそらくは哲学というものの定義上――許されないのである。このように、一つの問いかけが他の問いかけの無限の連鎖を引き起こし、際限なく広がっていくという点は哲学的思考の特質であり、またその魅力であるように思われる。

では、法的思考においても、同じことが言えるだろうか。答えはもちろん否である。さきほどの法的三段論法の例でいえば、裁判の当事者たちや裁判官は、推論の大前提となる法律の文言(「盗みを働いたものは処罰されなければならない」)それ自体の妥当性について疑義を差し挟むことは許されない。法的思考というものは、つねに制定法や過去の判決を権威づけられた論拠――これがいわゆる「法源」と呼ばれるものである――として受け入れ、そして、必ずそこから出発しなければならない。こうした態度が特に重要となる理由は、次のようなことを考えれば、わかってもらえるに違いない。殺人など凶悪犯罪がかかわる刑事事件は言うに及ばず、契約の有効性や損害賠償の可否を問う民事事件にあっても、裁判官の最終的な言葉は、その人の一生を左右するほどの重みを持っている。だが、それにもかかわらず、裁判官が制定法や過去の判決をまったく参照せず、自己の信条や良心だけにしたがって、ケース・バイ・ケースに判決を下すとしたらどうだろう。選挙などの民主的な手続きによって選出されたわけでもない裁判官が、どうしてそこまでの権限を持つことが許されるだろうか。あくまでも制定法や過去の判決を論拠としながら個々の事案に判断を下すということは、単なるテクニックの問題などではなく、法を運用する者の道徳的な責務でもあるのである。

その結果、法学部や法科大学院では、あくまでも制定法の条文や過去の確立された判例を前提として、それらの解釈方法を学ぶといったことが学習の中心を占めることとなり、それに対し、そうした条文や判例の妥当性それ自体に対して疑義を差し挟むといったことは、通常、それほど行われないということにもなる。もちろん、世の中には具合の悪い法律や、ひどい場合は個人の人権や自由まで侵害しかねない悪法があることも事実であり、法学教師や学生であっても、一市民としてそれらに批判を加えることができるのは当然である。しかし、大学における法学の授業にあっては、それはあくまでも立法論や政策論と見なされ、法的思考の修得という観点からすれば法学教育の中心を占めるものではないとされるのである。

時間的・手続的な制約　哲学的な議論においては、最初にあげた論理性の要件さえクリアーしていれば、それ以上の思考手続き上の制約はほとんどないし、問題に対する解答を導き出すまでのタイム・リミットといったものもなく、「人生の意味」であろうと何だろうと、好きな主題について有限性の限界まで、つまり文字通り「死ぬまで」考えつづけることが許される(それどころか、ほとんどの哲学的な問題は簡単に答えが見つからないものばかりであり、だからこそ二五〇〇年もの長きにわたって考え継がれてきたのである)。これに対し、法的思考においては、そんなに悠長なことは言っていられない。裁判の当事者たちは、可能な限り早い時点での回答を待ち望んでいる。というのも、判決を待っているそのあいだにも、彼らが受けた被害は回復されないまま放置され続けているのであり、その意味で、その心理的・経済的負担は増え続けているとさえ言えるからである。また、法的思考は、あらゆる概念を用いて自由に組み立てられるわけではない。一定の判決内容を導きだすための理由づけ、すなわち、正当化を行うためには、広く承認された一定の手順を踏んでいる必要があるし、その際に用いられる理由づけの仕方も、権利＝義務概念や、広く承認された制定法解釈や確立された判例、後に説明する文理解釈・拡張解釈・反対解釈・歴史的解釈等々の条文解釈の技法といった具合に、一定の制度的な「枠《わく》」がはめられている。先ほども述べたように、判決の結果は当事者の一生に重大な影響を及ぼすものであり、しかも、数々の冤罪事件からもわかるように、裁判官もまた神ならぬ人の身である以上、真実の所在がどこにあるか、確信をもって答えられないような場合がないわけではないだろう。だが、裁判官には、結論を無限に先送りにするという選択肢はない。やがては何らかの結論を下し、それが正当である理由を示さなければならないのである。そこで、法的思考のプロセスに課せられた様々な制度的な制約が、いわば、手続き的に正当な手順を踏んで推論を行ったということを通じ、裁判官が導きだした結論に対して一定の制度的な正当性を担保することになるのである。

素人に法的判断はできないのか

このように法的思考は一定の制約に服するものであり、哲学のように自由なものではない。では、専門的に法学を学んだ者でなければ、法にかんする判断は下せないということだろうか。しかし、われわれは通常、新聞やテレビなどを通じ裁判結果の報道に接したとき、それらについての自分なりの感想を持ち、時には家族や友人に意見を語ったり、議論を戦わせたりする。薬害を引き起こした企業や学者の処遇、文学作品が猥褻か否かをめぐる判断、飲酒運転で多くの被害者を死に至らしめた被告の量刑、少年によって引き起こされた凶悪な殺人事件、巨大企業による大規模なインサイダー取引等々。むしろ、裁判結果が公正かどうかということについて論評を加えることは、市民として当然の権利であり、また、法制度——あるいは「法の支配」——が健全に機能するための前提条件と言わなければならない。では、法学を専門的に学ばなくとも、あるいは、職業的な裁判官でなくとも、立派に、正しい——すなわち正義に適った結論に到達できるのではなかろうか。

こうした疑問に答えるためには、法的判断には二つの段階があるということ、つまり㈠事実認定、㈡法適用という二つの水準があるということを念頭に置かなければならない。まず、事実認定とは、刑事事件であれば「本当に、Aの意図的な行為により、Bが怪我を負うことになったのか」とか、民事事件なら「企業Cが、提供されるコーヒーの温度についてきちんと管理しなかったために、結果的に、顧客Dがこぼれたコーヒーのため大やけどを負うことになったのか」とかいった、事実にかんする判断である。それに対し、法適用は、確定された事実を法規範、ないしは法ルールへと当てはめる作業である。

まず、事実認定について言えば、裁判官はそれを「経験則」にしたがって行うこととなっている。つまり「これこれの証拠からこれこれの結果が生じるに違いない」という蓋然性についての経験則にしたがい、事実認定は下されるのである。実は、これにかんする教育や訓練は、法学部でも法科大学院でもほとんどなされていない。裁判官たちはそれを実務に就いてから、文字通り経験を通じて学ぶのである。より多くの判断機会に接しているという意味では、職業裁判官の経験量はそれだけ一般人よりも多いと言えるが、そこで要求される能力は、健全な大人なら有しているはずの通常の判断力であることに変わりはない。第一章の法の歴史を思い出してみよう。古代の共和制ローマにおいて、最終的に判決を下したのは、専門的な法学教育を受けていない審判人であった。また、中世ゲルマン法においても、判決を行うのは共同体の平和と「古きよき法」を協働して護る一般人、すなわち「法仲間」(Rechtsgenossen)であった。また、「人々の記憶よりもさらに遠い昔」(time immemorial)から連綿と受け継がれてきたということになっている、英米のコモン・ローにおける陪審制度については、誰もが知るところだろう。そして、わが国でもつい最近、裁判員制度が導入された。これら一連の歴史的事実は、法学にかんする専門的な知識や訓練が前提としてあるわけではないいわゆる「素人」であっても、法共同体の一員として法的判断の重要な担い手となり得ることを証明している。

だが、問題は、法的判断を構成する次の段階、すなわち法適用にかんしてである。すでに述べたように、認定された事実は法規範(ないしは法ルール)に当てはめられ、法的三段論法を通じて、結論としての法的決定が導き出される。ところが、どの法規範を適用すればよいのか判断が難しい場合は決して少なくはないし(たとえば有名なところでは、同じ侵害の事実であっても、それを不法行為のルールに当てはめる場合と、契約違反のルールに当てはめる場合では、結果が違ってくる場合がある)、また、制定法の条文内容が不明確なためにそのままでは使えないような場合も、どうすればよいのか判断が難しい。そうした難問に直面するとき、その都度、法の文言をより明確なものへと手直しできたり、全く新しい法律を宣言することができたなら、どんなに楽であろう。しかし残念なことに、抽選で選ばれた陪審員や裁判員は当然のこととして、裁判官にも、新たに法を造る——すなわち立法を行う権限はあたえられていない。なぜなら、裁判官も試験によってその資格と権限を賦与されているだけである以上、そこには民主的な正統性が欠けているからである(言うまでもなく、そのような民主的な正統性を調達できるのは、選挙で選ばれた国民の代表者たちによる討議と投票を不可欠な手続きとする、国会に限られる)。そこで、ようやく、制度にかんする専門知たる「法学」の、様々な技術が呼び出されることとなる。言い換えれば、法的判断を構成する第二段階、すなわち法適用においては、誰もが有する通常の健全な判断力を超えて、長期にわたる、いささか骨の折れる訓練に基づく専門的な技術知が不可欠となるのである。そして、そうした技術知のうち最も中心的な役割を演じるのが「解釈」にほかならない。

法の解釈とは何か

では、法学における解釈とは、いかなる営みのことを指しているのか。まず、とりあえずの回答としては、諸々の制定法(ないしは、英米のコモン・ローにおいては判例)を素材として、認定された事実を当てはめることが可能となるような法規範(法ルール)を導き出す作業であると言うことができる。つまり制定法の文言を変更することなしに、そこから使用可能な法規範、法ルールを引き出すのである。テクスト自身は変えることなく、そこから適用可能な規範を導き出し、それを具体的な問題解決に当てはめるという思考様式は、神学のそれと同じ類型に属している。それゆえ、法学の中心を占めるこうした学問スタイルを指して、「教義《ドグマ》についての学」という意味で教義学《ドグマーティク》(Dogmatik)と呼ぶことがある(ちなみに、憲法や民法の教員が「解釈学」という言葉を使う場合、それはこの"Dogmatik"の訳語である)。法学は、一二世紀ボローニャにおけるローマ法の再発見以来、いくつもの解釈技法を用いながら、法規範(法ルール)の内容を明確化し、社会的変化に適応させ、ルール間の異同や相互関係を明らかにし、それらに修正を加えつつ、蓄積し、そして体系化してきた。そして現在では、そうした解釈の技法として、次のようなものが用いられている。ごく簡単に説明を加えておこう。

㈠文理解釈。まず、制定法の条文や判例を注意深く、字義通りに読むということである。なぜなら、法の歴史が教えてくれるように、とりもなおさず法は異国の言語で書かれているものであったからだ。われわれが現在使っているのは、第一章のボローニャにおける法学の始まりについて説明したように、そもそもそれは失われた文明の言語であったラテン語のテクストを、文法教師たちが解読するところから始まった。今日でもなお、欧米の法律用語や基本概念にラテン語が含まれるのはそのためである。たとえば、「信義則」の語源となった"bona fides"や、「犯意」を表す"mens rea"などがそうしたものにほかならない。さらに日本法では、明治期における「継受」の過程で、現在の日常的な用法とは違う意味での使用法が定着し、今なおそれが慣習的に使い続けられている場合がある。有名なところでは、「善意／悪意」は単に「知らない／知っている」、「みなす／推定す」は「(事実であるか否かにかかわらず)そのように擬制する／(反証があれば覆るような)単なる推量」などがある。こうした特殊な用語法も含め、法の文言は、外国語を読むように慎重に意味を追うことを要求する。

(ちなみに、一般の人々にとって法の言葉が難しい理由としては、次の二つが考えられる。まず、古い用法が定着してしまったが、専門家同士が技術用語として互いにやり取りする分には困らないのでそのまま使い続けている場合。次に、概念の働きを類似の事柄と明確に区別するため、意味内容を一義的に確定する必要がある場合である。前者の場合は——ラテン語で書かれた聖書が、一般の人々が自ら聖書を読むことを通じ救済に与ることを阻んだように——一般の人々から、自分たちのものであるはずの法の理解を阻んでいるという点において、日常的な表現へと改正することが望ましいが、後者にかんしては、日常言語への改正は概念の境界を曖昧化させてしまい、その結果、技術的用語としてかえって使い難くしてしまうので、むしろデメリットの方が大きいように思われる。)

(二)拡張解釈と縮小解釈。拡張解釈とは、「車進入禁止」という規則を示す立て看板が公園にあった場合、「車ではないが、ホバークラフトも公園に入ってはならない」というように、「車」という言葉の意味を拡げて理解することである。拡張解釈が裁判で使用された具体例としては、刑法の教科書の最初に出てくる電気窃盗事件(「窃盗」という犯罪を構成するには、かつては何らかのかたちある「物」を盗むということでなければならなかったが、それを厳密には「物」とは呼べない電気にまで拡張した)がまず思い浮かぶが、最近でも、テレホンカードの偽造に有価証券偽造の罪(刑法一六二条)を適用した事例や、インターネットを通じたダウンロードを目的に、映像情報を蓄積したホストコンピュータのハードディスクがわいせつ物頒布罪(刑法一七五条)の「わいせつ物」に当たると判断されたケースなどもこれにあたる。縮小解釈の方は、これらとは逆に、同じ立て看板のある公園で、「乳母車や車椅子は厳密には車ではあるけれども、公園に入ってもかまわない」といったように、「車」という言葉の意味を狭く捉えるような読み方を指す。

ところで、どのような場合に拡張解釈となり、どのような場合に縮小解釈をすべきかということにかんし、何か固定的なアルゴリズムがあると考えてはならない。法規範(この場合は立て看板)の制度趣旨は何であるのか、それが規制しようとしている目的、守ろうとしている利益は何なのか——これを明らかにすることを通じて、それは決まるのである(この事例であれば、たとえば公園を使う人が平穏かつ安全に余暇を楽しめるということが、制度趣旨、規制目的、ないしは守るべき利益と考えられるだろう)。

㈢類推と反対解釈。一般に類推とは、おおよそ次のような思考様式を指すものである。「Aというケースには、Bという法規範(法ルール)が適用される。今回のケースA′は厳密にはAと同じとは言えないが、A′とAは類似している。よって、A′にも法規範Bが適用される」。英米のコモン・ローの発想の根底には、こうした類推的な思考方法が存在している(ちなみに、これとは別に、「法の欠缺のため適用すべき法規範が存在しない場合、類似した法規範を借りてきて、暫定的に適用する」といった用法も、わが国の慣行として「類推適用」と呼ばれている)。反対解釈の方はこれと逆である。「Aというケースには、Bという法規範(法ルール)が適用される。今回のケースA′はAに類似しているが、厳密には同じとは言えない。したがって、A′には法規範Bは適用されない」。この二つの解釈技法についても、類推となるか反対解釈となるかを決定するものは、法規範の制度趣旨、規制目的、それが守ろうとする利益であることは言うまでもない。

(反対解釈についても、法文の一定の読み方を指してこの言葉が用いられるわが国の慣行がいくつかある。まず、憲法七六条三項「裁判官は……この憲法及び法律にのみ拘束される」という文言を「憲法と法律以外——たとえば、判例、政治家の圧力——には拘束されない」と読むような場合、これを「反対解釈する」と言うことがある。また、先ほどの「車進入禁止」と似た例で、公園に「野球、サッカー、バスケットボール、ハンドボール、禁止」と規制対象を列挙した立て看板を前にして、「ゴルフはいいだろう、書いてないんだから」というように、挙げられたもの以外は禁止されていないと屁理屈をこねるような場合にも「反対解釈」の言葉が用いられる場合がある。これは明らかに誤謬推理であるが、どういうわけか、このような主張が現実にまかり通っている場合も存在する。この場合も、そうした理解に妥当性がないということを見破るためには、やはり、法規範の制度趣旨や規制目的、守るべき法益について考えることが決め手となる。)

㈣体系的解釈(論理的解釈と呼ばれることもある)。法の歴史のところで見たように、現行の民法は釈義と体系化の歴史を通じ、抽象的・一般的な規定が前に括り出され、より具体的・個別的な規定が後に続くという、いわばトーナメント戦の表のような、ツリー状の体系になっている。それゆえ、後の方の条文の意味を理解するためには、さらに前の条文を参照する必要がある場合がある。たとえば、「父親が交通事故で亡くなってしまった場合、まだ生まれていない、お腹のなかの赤ちゃんは、加害者に対し損害賠償を請求できるか」といったことが問題となる場合に援用される、民法七二一条の「胎児は、損害賠償の請求権については、既に生まれたものとみなす」という文言は、これだけを読んでも何のことかさっぱりわからない。というのも、これは、さらに一般的な規定、民法三条一項の「私権の享有は、出生に始まる」を前提として、その例外を規定しているものだからである。このように、法の規定が全体として一つの体系をなすことを前提とした、法の理解の在り方を体系的解釈と呼んでいる。

㈤歴史的解釈。歴史的解釈とは、法律の文言に加えて、法案起草時の関連文書、議会や委員会における議論の記録、当時の社会的背景、等々を参照しながら、それが制定された当時いったい何が意図されていたかということを探る解釈の手法である。歴史的解釈にかかわるのは通常は学者であって、裁判官や弁護士がこれを自らの方法論として声高に主張することは、それほどないように思われる。しかし、現在もアメリカ合州国連邦最高裁裁判官を務めるアントニン・スカリア判事(一九三六―)は例外である。というのも、憲法解釈のあり方として、(i)その時代の多数派の主張に寄り添った社会学的解釈、(ii)裁判官個人がある種の哲学的な態度を通じて、法の文言の奥にある真の意味を見出す哲学的解釈、(iii)憲法起草者の立法意図に厳格にしたがった読解を行う原意主義的解釈(originalism)の三つを分類した上で、最後のものだけが正当な憲法解釈と呼び得ると彼は強く主張するからである。スカリアによれば、憲法に記された諸条項は、起草者たちが「国の基本的な骨格として、これだけは簡単に変更してはならない」という意図を込めて、あえて連邦議会での討議プロセスによる変更から保護し、固定させたものにほかならない。それゆえ、スカリアは、たとえば憲法修正一四条の法の下の平等、および適正手続《デュー・プロセス》にかんする条項も、「起草者たちが何を企図したか」という観点から読まれるべきであり、そうすれば、プライバシーの権利や、そこから派生するとされる一連の権利――具体的には、女性の人工妊娠中絶の権利、同性愛行為の権利、安楽死の権利も全く正当化されないものとなると主張している。このように、現実的にきわめて大きな帰結をもたらす点も含め(わが国の最高裁でもスカリア流の原意主義を採用すれば、自衛隊はほぼ確実に憲法九条違反と判断されることになる)、スカリアの強い歴史的解釈論は、いまなお激しい賛否両論の的であり続けている。

㈥目的論的解釈。これは、当該の文言が規制しようとする「目的」や保護しようとする「利益」に焦点を合わせて、行われる解釈である。しかし、目的論的解釈がそのようなものだとすれば、すでに見たように、拡張解釈、縮小解釈、類推、等々、これまでに取りあげてきた全ての解釈が、そして、突き詰めれば、解釈という営みそれ自体が目的論的なものにほかならないということになる(というのも、いかなる解釈も、それが妥当なものであろうとする限り、制度趣旨や規制目的、保護されるべき利益にかんする考察が不可欠となるので)。ただ、「目的」や「利益」にかんする実質的な判断をとりわけ強調することによって、わが国の法解釈論に大きな影響を残した理論として

「利益衡量論」というものがある。これにかんしては、次にあらためて項目を立てて議論することにしたい。というのも、利益衡量論とそれに対する批判を若干詳しく検討することにより、法適用や法解釈がいったい何を目指す試みであるかということが、よりいっそう明確になると思われるからである。

利益衡量論と議論の理論

わが国におけるいわゆる「法解釈論争」は、民法学者来栖三郎(一九一二―九八年)が一九五四年に行った次の有名な問題提起を引き金に開始された。

何と法律家は居丈高なことであろう。常に自分の解釈が客観的に正しい唯一の解釈だとして、客観性の名の下に主張するなんて。しかし、また、見方によっては、何と法律家は気の弱いことであろう。万事法規に頼り、人間生活が法規によって残りくまなく律せられるように考えなくては心が落着かないなんて。そして何とまた法律家は虚偽で無責任なことであろう。何とかして主観を客観のかげにかくそうとするなんて。(来栖三郎「法の解釈と法律家」)

憲法九条にかんする政府見解が変更され始めた状況のなかで、法学者の解釈には政治的責任が伴うということを自覚させるという目的をもって、来栖によるこの提言はなされたが、やがて議論は

「法解釈はそもそも客観的なものか主観的なものか」という問いを中心に戦わされるようになる。後にも少しだけ触れるように、こうした流れを受け、川島武宜(一九〇九―九二年)はその著書『科学としての法律学』(一九五五年)において、法解釈には裁判官の価値判断が入るので、どうしても主観的な側面が残らざるを得ないが、その言語技術的な側面は客観化、科学化できるし、また可能な限りそうしなければならないと主張した。こうした論争が一段落した一九六〇年代中頃、高度経済成長とそれに伴う生活様式の変化がもたらした公害や薬害など新たな被害類型に直面するとき、司法はそれをいかに救済できるのかという問題関心の下に、利益衡量論は二人の民法学者によって独立に提唱されることとなった。

加藤一郎(一九二二―二〇〇八年)は、具体的な事案の解決を念頭に置いて、まずは法律については考えず、衝突する複数の利益を天秤にかけ、そのうちどれを優先させるべきかということを実質的に決定し、その後、法律やその解釈を用いた理論構成を行うといった法的判断のモデルを提唱する。こうした加藤の利益衡量モデルの背景には、概念法学を批判したドイツ自由法学や、「判決の決めてとなるのは、法ルールではなく、裁判官個人の勘、政治信条、世界観、教育などである」といったアメリカのリアリズム法学のラディカルな主張の影響を見てとることができる。また、利益を衡量する際の天秤としては、「社会的価値の最大化」といったある種の功利主義的基準が採用されている。他方、星野英一(一九二六―)は、法文の解釈の場面を念頭に置き、次のような法的判断のモデルを提唱する。まず、文理解釈・論理的解釈・歴史的解釈等を行った場合に各々がもたらす結論を考え、次いで、得られた結論のうちどれが妥当かということを利益衡量によって検討する。そして、必要であれば、選ばれた結論に修正や変更を加える――このような判断のプロセスである。衡量の基準としては、誰もが究極的には承認するに違いない、ある種の客観的な価値秩序――星野の言葉では「価値のヒエラルヒア」――が想定されている。

こうした利益衡量論の主張のなかには、たしかに、きわめて貴重な提言が含まれているように思われる。第一に、法律の文言をどう解釈するかをめぐる細々した議論に最初から囚われてしまう――法律という後ろ盾がなければ、妥当な解決について何も考えられないという意味で、これを一種の「リーガリズム」と呼んでもよい――のではなく、実質的に妥当な解決策を見出すためにはどのような道筋をたどればよいかということを、利益衡量論は明快に教えてくれる。そして、第二に、実質的な解決策を見出すという点にかんして言えば、裁判官や弁護士、さらには法学者といった専門家も、法学についての特別な教育や訓練を受けていない一般の人々――いわゆる「法の素人」も、その能力の点では決して優劣はないという主張において、それは実務家や法学者の専門家としての慢心をいさめ、同じ法共同体の一員として、一般の人々の声に謙虚に耳を傾けるべく要求する。筆者も利益衡量論に込められたこのような考えには、率直に、共感を覚えるものである。しかし、こうした利益衡量の優れた点は、翻って見れば、欠点と捉えられ、批判を招くことになった。そうした批判を代表しているのが、民法学者平井宜雄(一九三七―)による『法律学基礎論覚書』(一九八九年)である。

多岐にわたるその批判を本章の議論に関連する限りで要約すると、次のようになる。第一に、利益衡量は実質的な解決を強調するあまり、法的三段論法のような法的理論構成の重要性を不当に過小評価しているという批判。そして第二に、第一の批判とも関連するが、法的判断の最も重要な核心が素人でも行うことができる実質的な衡量にあるというのなら、長い年月と努力を費やしてようやく獲得されるような、法教義学＝法解釈学を中心とする法学教育の意義はいったいどこに見出せるというのかという批判である。

ここで重要な切り口を提供するのが、現代の科学哲学で提唱される「発見のプロセス」と「正当化のプロセス」の区別である。この区別は、たとえば数学を例にとってみれば、次のように説明される。小学生の算数であれば正解を見つければそれでよかったが、高校の数学ともなると、答えを発見するだけではなく、むしろ答えに到達するまでの途中の経過を示すことがさらに大切であると教えられる。つまり、それは、同じ数学という営みの参加者たちに対し、自己の推論の過程が間違っていないということを証明し、正当化しているのである(だからこそ、フェルマーの最終定理にしても、定理自体はすでにわかっていたにもかかわらず、その証明があれほどまでに待ち望まれたのである)。これ以外の経験的な自然科学においても、新たな発見もたしかに貴重ではあるものの、同時に、その再現可能性の証明や理論的裏づけも要求されるのは、同じ科学者共同体に属する仲間を説得し、それを正当化しなければならないからである。

そして、これと同じことは法学にも当てはまる。利益衡量論は法的な結論が見出されるその過程を描きだす——あるいは、その道筋を指し示すものとして、たしかに、法の「発見のプロセス」の理論ではあった。しかし、そこに欠落していたのは、同じ法共同体の参加者——すなわち、訴訟の当事者と弁護人、未来の裁判官を含む同僚裁判官、法学者、一般の市民たち——に対し、(民主的プロセスを通じ正当に定められた)法規範からこの結論が間違いなく導き出されたということを「説得」する、「正当化のプロセス」にかんする理論にほかならない。そもそも判決文というものにしてからが、まさしく聴衆の「説得」、同じ法共同体に属する同胞に対する「正当化」のために存在するのであり、そうであるからこそ、法的三段論法のような法的構成、ならびに、その前提となる法教義学=法解釈学に蓄積された、様々な制度とその趣旨についての正確な理解が不可欠とされるのである。

(ちなみに、議論の共同体に対する「正当化」を重視するこうした今日の科学観からすると、川島武宜が『科学としての法律学』において提唱したような「法律の科学化」の発想は、いささか古びて感じられる。というのも、川島のいう「科学」とは「観察し、一般化し、法則を見つけ、検証する」という素朴な検証主義に基づくものであるからだ。科学哲学者スティーヴン・トゥールミン〔二九二二—〕は、一九九〇年に出版された『近代とは何か——その隠されたアジェンダ』のなかで、こうした検証主義にもつながるデカルト的な狭い科学観が覇権を掌握するより以前に開花していた、人文主義的な学問=科学観——すなわち、多様な考え方を持つ人々が同じ学問共同体の同胞に理由を提示しつつ、互いを説得し、正当化し合うといった科学=学問モデルこそが、現在の科学哲学の到達点にも合致し、これまでとは別のもう一つの近代の可能性を拓くものとなると論じている。)

平井理論はここからさらに進み、カール・ポパー(一九〇二—一九四年)に触発された、反証可能性に基づく「よい法律論」にかんする理論構築へとむかう。しかし、本章の目的からすれば、とりあえずはここまでで十分であるだろう。というのも、長い時間と努力を費やして法教義学＝法解釈学を学ぶことの理由が、判決などの解決策を見出すこともさることながら、むしろ、どうしてそのような判決になるのかということを論証し、説得し、正当化するための技術や資源を自らのものとする点にあるというところまでは、十分に明らかとなったと思われるからである。そして言うまでもなく、これは、第一章でも取りあげたアリストテレスやキケロ以来の『弁論術』の伝統に連なるものにほかならない。

本章は、法学を学ぶことの意味を、制度のうちで考えること、制度知としての法的思考を学ぶことと規定した上で、そうした思考様式の具体的な特徴にまで足を踏み入れた。そして、事実認定と法適用(法的三段論法)といった判断の枠組や、歴史的に受け継がれてきた様々な解釈技法、そして教義学＝解釈学を通じ長年にわたり蓄積されてきた諸々の制度にかんする理解が、最終的には、同じ法共同体に属する同胞の説得を目指すものであるということを確認した。ただ、これまでの説明では、こうした制度知としての法学は、すでに存在する論証の資源や解釈の技法を活用するだけの、いささか後ろ向き、ないしは保守的な営みにも見える。これまでにない新たな事態に直面した際、それに対処するための新たな着想や創意工夫の余地が、制度知としての法学のなかにはあるだろうか。そして、もしそうであるなら、それはどのような仕方で遂行されるのか。実質的な最終章となる次章では、こうした問題に取り組むところから始めたい。

四、法学はいかにして新たな現実を創り出すのか――法学と未来

法的思考で現実は変えられるか

前章では、制度知としての法的思考の特徴とそれが目指すところについて説明を加えた。しかし、それはどちらかと言えば静態的な説明にとどまるものであったので、もしここで本書が終わるなら、世間一般のイメージ通り、法学というものはやはり後ろ向きで、保守的な学問だという印象を持たれても仕方があるまい。そもそも法学が裁判を中心とする司法制度とともに発展してきたものであり、司法は立法や行政と違って、事後的かつ個別的な救済を目指すものである以上、法学もまた、たしかに「後ろ向き」であるに違いない。また、第一章でも論じたように、法の目的があくまでも「等しきものを等しく」「各人のものを各人へ」という正義の理念の実現にある以上、たとえ二つの事案が時間的に遠く隔たっていたとしても、もし両者が同様の事案であると判断されたなら、新たな事案にも以前の事案と同様の判決を下さなければならない。そのようにして法は、明日も今日と同じルールで世の中は回るのだという、「確実性」に対する人々の期待に応えるのである。そのような意味においてであれば、法制度や法学は一種の「保守性」に奉仕していると言わざるを得ない

（ちなみに、社会の様々な活動の基盤となる、法がもたらすこうした確実性は、一般に「法的安定性」と呼ばれている。たとえば、法哲学者ラートブルフ〔一八七八—一九四九年〕はこの「法的安定性」を、「正義」「合目的性」とならぶ、法の理念にあげている）。

しかし、このような、本来的に「後ろ向き」で「保守的」な性格にもかかわらず、実際には、制度知としての法的思考を用いる営みは、現実へと介入し、社会を少しずつ変えている。

まず、最もミクロなレベルから言えば、何の変哲もない通常の法適用（法的三段論法）においても、認定された事実が法規範（法ルール）へと当てはめられることによって、それまでの世界には存在しなかった新たな世界が生みだされることになる。たとえば、法が規定する一定の条件を満たすことにより、赤の他人であった二人の人間が、互いに何らかの権利と義務を背負ったこれまでとは違う存在——たとえば、売り手と買い手、賃借人と家主、被雇用者と雇用主、妻と夫——に変わる。また、裁判官が判決で口にした「死刑に処する」という言葉は、被告の人生をそれまでとは全く違ったものへと変える。このように「法」というものは、つきつめれば単なる言葉にしか過ぎないが、にもかかわらず、それまでには存在すらしなかったような新たな現実を生みだすという働き、すなわち効果を有するのである。言語哲学の術語を借りるなら、あらゆる法規範、法ルールは、遂行的に働く一種の「言語行為」にほかならない。

次に、法体系全体のなかで、より上位にある法規範（法ルール）が下位の法規範の妥当性、ないしは効力を左右することを通じて、社会的現実に結果的に変化がもたらされる場合がある。このメカニズムが働く例として最もわかりやすいものは、憲法による違憲立法審査であろう。その有名な例に、一九七三年の尊属殺重罰規定違憲判決(最高裁判決、昭和四八年四月四日)がある。わが国の刑法にはかつて、父母をはじめとする尊属を殺した場合には通常の殺人罪(刑法一九九条)よりも重い刑――死刑か無期懲役のいずれか――に処せられることを定めた規定(旧・刑法二〇〇条)が存在していた。ところが、この法律はよくよく考えれば、「すべて国民は、法の下に平等であつて、人種、信条、性別、社会的身分又は門地により、政治的、経済的又は社会的関係において、差別されない」とうたう憲法一四条と矛盾する。そこで、女性による父親殺人の判断を迫られた最高裁は、この条文が憲法違反であり、効力を持たないことを宣言する結果となったのである。しかし、問題は次の点にある。実父から長年にわたり性的虐待を受け続け、五人の子どもを産まされた女性が、理解ある別の男性と結婚する決心をし、それを打ち明けたところさらに激しい暴行が執拗に繰り返されたため、思いあまって父親を殺めてしまったという、おそらく誰もが加害者の凄惨な境遇に同情を禁じ得ない、この特異な事案を目の前にするまで、誰もそこに矛盾があるということに気づかなかった、あるいは、うすうす気づいてはいてもあえて正そうとはしなかった、この点である(実際、新憲法制定にあわせ一九四七年に実施された刑法改正では、尊属殺重罰規定はそのまま見逃されているし、一九五〇年の別の事件では最高裁判決ではこの規定を合憲と判断している)。体系内の矛盾は、それをそれとして発見し、何とかそれを正そうとする誰かが現れない限り、そのままの姿で残り続ける。この事案におけるその誰かは、第一審から最高裁まで、無償で被告の弁護を引き受けた一老弁護士であった。そして、おそらく彼を突き動かしたのは、こうした天秤の不釣り合い、この不正義をそのまま放ってはおけないという職業人としての矜持、彼のなかに内面化された法の存在目的、すなわち正義の理念だったのではなかろうか。

ところで、上位規範たる憲法が法律の合憲性を否定し、その無効を宣言することで社会の現実を変えるといった事案は、わが国においては最高裁の抑制的な態度のため、その数がきわめて限定されている(法律そのものに対して違憲判決が下された例は、二〇〇九年六月時点で、先ほどの尊属殺重罰規定のケースも含めてわずか八件しか存在しない)。これに対し、わが国の違憲立法審査制度の源流とされるアメリカでは、非常に多くの違憲判決が下されてきている。とりわけ近年では、平等の保護と適正手続《デュー・プロセス》を規定する合州国憲法修正一四条が、あたかも社会的現実の変革をめぐる主戦場のような様相を呈している。たとえば、一九五四年に連邦最高裁は、(プレッシー対ファーガソン事件判決により一九世紀末に確立された「分離すれども平等」の原則を根拠とする)公立学校における黒人と白人の別学政策に対し、平等保護違反の違憲判決を下し、その後の人種間差別撤廃の流れを決定づけた(ブラウン対教育委員会事件判決)。そして、この判決をきっかけに制定された公民権法(一九六四年)とともに、平等保護の対象を拡大させるこの流れは、女性に対する各種の差別撤廃を求める動き(たとえば、子どもが残した遺産の管理権を父親のものとするアイダホ州法の修正一四条違反を問う、一九七一年のリード対リード事件判決など)や、さらには今日の同性愛者の権利獲得運動にもつながっていく。また、避妊具の使用を禁じた古い州法の合憲性が争われたグリスウォルド対マサチューセッツ州事件判決(一九六五年)では、修正一四条から「プライバシーの権利」がはじめて生みだされた。そして、この新しい権利はさらに、人工妊娠中絶を犯罪として禁止するテキサス州法に違憲判決を下し、女性の中絶の権利を認めたロー対ウェイド判決へとつながっていくことになる(もっとも、前章のスカリア判事のところでも少し触れたように、この判決の妥当性については、今なお激しい論争が続いている)。

難事案をどのように判断するか(一)——ドゥオーキンの構成的解釈

ところで、上位の法規範が下位の法規範をコントロールすることにより、社会的な現実を変えるのは、何も憲法に限ったことではない。たとえば、同じ民法体系の内部で、そうしたメカニズムがどのように機能しているかということを考える場合、アメリカとイギリスを股にかけて活躍する法哲学者ロナルド・ドゥオーキン(一九三一—)の理論は、たいへん参考になる。

イギリスのコモン・ローを継受したアメリカの契約法は、基本的に判例の積み重ねから発展してきたものだが、制定法主義を取るわが国と同様、そこには重要判例から結晶化したいくつかの法規範、ないしはルールのようなものが存在する。たとえば、契約であれば「申込みと承諾による両当事者の合意があり、その他いくつかの要件を満たしていれば、契約は有効である」といったように(英米契約法には「約因」といったわが国には存在しない契約成立要件が存在するが、ここでの議論には関連しないので省略する)。ここで、次のような事案を想像して欲しい。X氏は自動車事故にあったため、欠陥車を売った自動車メーカーY社を訴えようとした。しかしY社は、Xが購入時にサインした「車の欠陥にかんするY社の責任は、欠陥部分の修理だけに限定され、その他一切の保証・義務・責任を負わない」という趣旨の契約書を盾にとり、自分たちの責任を否定した。Xは「欠陥のために起きた事故である以上、Y社がこのような免責事項で守られるのはおかしい。衝突で怪我をした人たちへの医療費その他も支払うべきだ」と反論したが、このような契約内容を無効とする制定法や法ルールは何一つ存在していなかった。つまりこれは、裁判官にとって解決の出発点を見出すことすら難しい、いわゆる「難事案」(hard cases)の一つと呼べる。

しかし、裁判所はXの訴えを全面的に受け入れ、原告勝訴の判決を言い渡した。裁判所は判決文のなかに、しばしば対立もする複数の理由をあげている。「契約書を読まずにサインをしたからといって、後に契約上の義務を免れることはできない」とか、「この原理の適用においては、行為能力のある契約当事者の自由という根本原理が重要である」とか、「契約の自由は、当該分野にかんして、いかなる限定も受けつけないほど不変の法理ではない」とか、「裁判所が不衡平や不公正の手段として利用されることがあってはならない」とかいったものである。さらには、「現代社会において自動車は日常生活の一部であり、不可欠な付属品である。そして、自動車の使用には運転手、同乗者、歩行者に対する大きな危険がともなう以上、その製造者は自らの自動車の製造・宣伝・販売にかんして格別の義務を負う。したがって、裁判所は売買契約を綿密に検討し、消費者と公益が適切な扱いを受けているかどうか確かめなければならない」といった理由もあげられた。

これらはドゥオーキンがその著書のなかで引用する、一九六〇年に実際に下された判決(ヘニングセン対ブルームフィールド・モーターズ事件)から抜き出されたものである。ドゥオーキンはこの事案を通じて、次のことを明らかにしようと考えたのである。裁判官は、たとえ一見したところ、適用すべき明確な法ルールが見当たらないように思われる場合であっても、法的思考をすっぱりとあきらめて政策的思考——たとえば、社会全体の便益の最大化をめざす功利主義的な利益衡量——へと飛び移るわけでは決してなく、あくまでも法制度内在的な議論の仕方——すなわち、個々の法ルールの上位にあって、その妥当性を左右するような「法原理」(principle)を過去の様々な判例のなかから掘り起こし、これを活用しながら結論を導きだそうとするものだし、実際、そのようにしなければならないということである。

ドゥオーキンは、明確な法ルールと法原理との違いを次の三点から説明している。

㈠まず、ルールが「全か無か」のかたちで適用されるのに対し、原理はそうではない。また、原理はそれを適用すれば即座に判決が決まるといったものでなく、判決に至る判断のプロセスを一定方向へと導く論拠＝理由(reason)としての役割をはたす。いわば、ルールや先例のさらに上位からそれらの適用をコントロールするかたちで機能する。

㈡二つの法ルールが衝突する場合は、どちらか一方が妥当性を持たないルールであるということになり、両者のあいだの優先順位を決めたり、その改正手続きを定めたりするような、より上位の規範が必要となる。しかし、原理の場合は、複数の原理間——たとえば、契約自由と消費者保護

──に衝突があるからといって、その一方の妥当性が完全に失われるというわけではない。むしろ、ここで問題なのは、どちらの原理を重視すべきかといった、個々のケースごとのその重みや重要性である。それゆえ「原理Aも原理Bもこのケースに関連するけれども、このケースにかんする限り原理Aのほうが重要と見なされるべきである」といった言い方も可能となる。そして、まさにこうした点こそが、裁判官の職人的な技や創意工夫──ギリシャ以来の伝統的な言葉で表現すれば「賢慮」(prudence)──が発揮される、いわば腕の見せ所となるのである。

㈢法原理は、日々の法実践のなかで自ずとそのかたちを整え、適用や解釈を通じ次第に精緻化され、規制する生活領域それ自体の変化に合わせて姿を変えていくような、それ自身の歴史を持ち、法体系全体に暗黙に含まれる諸価値を表出する、そうした性格の法的規準である。また、ルールが立法府による制定法や裁判による判例形成といった明確なかたちで生みだされるのに対し、原理はこうしたはっきりと特定できる作者を持たない。ドゥオーキンによれば、法原理の効力の源は次の点にある。「これらの原理が法的な原理とされるのは、立法府や裁判官の特定の決定に由来するからではなく、職業法律家や一般市民がこれらの原理を長い期間のうちに適正なものと感じるようになったからである。適正さの感覚が維持される限り法的原理は依然として効力を持ち続ける」(ドゥオーキン『権利論』)。

ドゥオーキンにとって、法の適用をめぐる一連の営みは、複数の法原理、さらには各々の背後に控える複数の諸価値のあいだに、相互に対立のない、調和ある秩序をもたらすことにほかならない。

そして、彼はそのような営みを構成的解釈と呼び、この営みを通じて見出される法実践全体の調和したあり方を、「誰に対しても常に同じ一つの声で語る」一貫性《インテグリティ》と誠実性を持った人格に擬して「純一性《インテグリティ》としての法」と名づけている。ここに取りあげた事案でも、一見すると、片や、契約自由の原理の背後にある自由主義的価値、他方で、消費者保護の原理の背後に控える共助的、ないしは連帯的価値の二つが対立しているように思われるが、法全体に内在する哲学——すなわち「誰に対しても常に同じ一つの声で語る」ということの実質的な含意を探り出すことにより、調和のとれた「唯一の正しい解答」は自ずと導かれるはずである——これがドゥオーキンの結論である。

どんな難事案にも「唯一の正しい解答」があるとする、極端に理想主義的な主張を受け入れるか否かはともかくとして、ドゥオーキンが描きだす法的思考のあり方は、いわば法律家の自己理解として、まさに主流的なものと言えるだろう。わが国は、英米のようなコモン・ロー圏ではないので、判例それ自体ではなく、主として制定法とその解釈を通じて法を発展させてきたが、難事案をめぐるドゥオーキンのモデルは、それでもやはり参考になる。たとえば、わが国の消費者保護法制も、次のような仕方で発展してきたからである。消費者側の知識不足や、高齢ゆえの判断力低下につけ込んだ、いわゆる悪徳商法であっても、当事者間に合意があったという外見を示す契約書が整っていれば、その契約の無効を証明することはなかなか難しい。そこで、裁判所は、契約について定めた個別の法律よりさらに上位に存在する、包括的な一般条項、具体的には信義誠実の原則(民法一条二項「権利の行使及び義務の履行は、信義に従い誠実に行わなければならない」)や、公序良俗にかんする規定(民法九〇条「公の秩序又は善良の風俗に反する事項を目的とする法律行為は、無効とする」)を適用することにより、事後的かつ個別的に被害者の救済を図ってきたのである。しかし、「等しきものを等しく」扱うという正義の要請や法的安定性の確保が難しく、また同様の被害を事前に防ぐためにも、消費者保護にかかわる一連の立法がなされることになるのである。このように、制度知としての法的思考の内在的な論理に忠実にしたがうことで、結果としてそれが社会的現実の変化へとつながっていく点で、ドゥオーキンが描きだすコモン・ロー圏の法発展とわが国のような大陸法圏の法発展は軌を一にするところがある。

難事案をどのように判断するか(二)——アンガーの逸脱理論

ところが、法的思考の内在的論理を完全にわが物としつつも、全く異なった仕方でそれを使用することにより、さらに意図的に、社会的現実の変革をもたらそうとする立場が存在する。その代表格が、ハーヴァード・ロースクールで法理学を担当するロベルト・アンガー(一九四七—)の「逸脱理論」(deviationist doctrine)にほかならない。アンガーによるこの理論戦略は、一九八〇年代から九〇年代にかけてアメリカの法学界をある意味で席巻した批判法学運動(Critical Legal Studies)に、一つの理論的支柱を提供するものであった。ここでは、きわめて簡略化したかたちではあるが、先ほどドゥオーキンが使った事案を借用しながら、アンガーの理論戦略を説明してみよう(表1)。

表1　難事案(hard cases)をめぐる判断の構造

ルール 「契約は拘束力を有する」	例外 「契約は時に無効である」
原理 契約自由	対抗原理 公序良俗・公正
価値 個人主義・自由主義 (自分の運命は自分で切り開く)	対抗価値 共助・共同性・連帯 (社会は「協働のプロジェクト」である)

水準1　まず、X氏とY社が結んだ自動車売買契約が、契約成立要件の全てを満たしているのであれば、通常は、契約書に記載された通りのことが履行されるのがいわばルールであるだろう。ところが、ルールには必ず例外がある。たとえば、契約の相手が子どもだったり、認知症を患う高齢者だったり、その内容が奴隷契約であったりした場合である。そして、この場合は当然、契約は無効となる。この事案では、Y社が販売した車に欠陥があったために事故が起こった場合でも、Y社は修理以外の責任は負わないという免責条項が認められるか否かということが問題となる。だが、このルールをそのまま承認するか、例外として無効とするかという水準には、適用可能な法規範は存在しない。したがって、議論の抽象度を上げて、それぞれの立場を支持する法原理の水準へと移行することが必要となる。

水準2　ここでは、「契約要件が満たされている限り、契約は有効である」とするルールの背景にある法原理、すなわち契約自由の原則と、契約が無効となる場合の根拠となる対抗原理、つまり信義誠実や公正(fairness)の原則が対立している。しかし、ここでも両者の優劣は必然的に決まるわけではない。

水準3　そこで、各々の法原理の背景にある価値があらためて問題となる。片や、契約自由の原則の基盤となっているのは、個人の自己決定と責任を強調する個人主義や自由主義という価値である。そして、信義誠実や公正といった対抗原理の方に基盤を提供するのは一種の共助の精神、共同性、ないしは連帯という対抗価値である。

こうして見ると、法適用の段階においても、背景に存在する法原理の段階においても、さらには、それらを支える価値の段階においても、そこにあるのは、(ドゥオーキンが考えるような)必ず正解が決まってくるような必然的かつ調和ある全体秩序ではなく、二つの極が対抗し合う不安定な状態だということが明らかになる。つまり、「どのような法的解決を選ぶか」という法律家の日々の実践は、そのまま、どちらの価値が主軸となる社会を創出するのかという決断、あるいは一種の政治的行為となるのである。

アンガーの逸脱理論は、このように、ルールと原理を上手に操作しながら一定の結論を導き出すという、ロースクールの教育と訓練が再生産する法的思考の内在的論理、いわば制度知としての法学の王道をたどりながらも、最後はそこから意識的に逸脱し、それまでの勢力地図を一気に逆転させるといった戦略にほかならない。アンガーはこのような戦略を取ることによって、通説的な法理解とそれが生みだす「こうでしかあり得ない」という世界像を解体させ、多様な社会的実験へとつながる「制度的想像力」(institutional imagination)を解き放とうとするのである。

（アンガーのこうした試みを、フランスの哲学者ジャック・デリダ（一九三〇―二〇〇四年）による「脱構築」の実践と対比してみるのも、面白いだろう。というのも、脱構築とは、古典的文献の丹念な読解を通じてテクストの綻びを探し当て、その綻びからそれが抑圧してきたものを明るみに出すことにより、これまでとは異なる別の思考の可能性を押し拡げる営みにほかならないからである。）

全く異なる仕方においてではあるが、ドゥオーキンにとっても、アンガーにとっても、法の理論的探究と、法的思考を駆使して現実の課題に応えることとは、決して切り離すことのできない一体の営みであり、さらにそれは社会的現実の変革へと、そのままつながるものであった。筆者の見るところ、この二人の理論は現時点において、法的思考を駆使した社会変革の可能性を示す試みとしていわば双璧をなすように思われる。

解釈と立法の関係について

ところで、裁判において解釈を通じた新たな問題解決がなされると、その後に立法的な措置が続く場合が少なくはない。たとえば、前章の解釈技法のところで触れた、拡張解釈がなされたいくつかの裁判では、その後しばらくすると刑法の改正が行われている（電気窃盗事件に対しては刑法二四五条「この章の罪については、電気は、財物とみなす」という文言の規定が、テレホンカード偽造に対しては、刑法一六三条の二として「支払用カード電磁的記録に関する罪」が、それぞれ新設されることとなった)。刑法においては罪刑法定主義の立場から、裁判官による事後法の可能性がある類推解釈が禁じられているが、拡張解釈の方は、あくまでも文言という「枠《わく》」が存在するという理由により許容されている。とはいえ、裁判官の解釈を待たなければ、「どこまでの行為が犯罪として処罰され、どこまでがそうでないのか」を明確に知ることができないとすれば、そうした刑法は人々の行動の指針としては、はなはだ頼りなく、法的安定性の確保という観点からも問題がある。そこで拡張解釈が行われた際には、それで終わりとはならず、法そのものの手直しが急がれることになるのである。

民事法の場合はさらに興味深い。先ほど取りあげたように、契約法では、消費者の弱みにつけ込んだ契約に対し、信義則や公序良俗といった一般条項を活用しながら裁判による事後的・個別的な救済が行われ、同様の判例が積み重なっていった後に、今度はそうした被害を予め防止し、万が一被害があった場合の救済方法を明確に示す、消費者保護のための諸立法がなされることとなった。不法行為＝損害賠償法の発展も同様にダイナミックである。ここでは「判例による新たな解釈の創出から、学説による裏づけを経て、立法化へ」という法が成長していく流れがよく見えるフランス民法の例を、少し詳しくなるが追ってみよう。

フランス民法典にかんしては、第一章の歴史篇でも少し取りあげたが、不法行為にかんするその一連の規定(一三八二―一三八六条)は、ドマやポティエの影響下にある準備草案などからその立法意図が汲み取れるように、本来、その全てが「過失《フォート》」原理に則って解釈されるべきものとして構想されていた。たとえば、その一三八二条には「他者に損害を引き起こす人の行為は、それがいかなるものであっても、その損害が過失から生じた場合は、その者に損害を賠償する義務を負わしむる」とあるが、これは日本の民法七〇九条（「故意又は過失によって他人の権利又は法律上保護される利益を侵害した者は、これによって生じた損害を賠償する責任を負う」）にも大きな影響をあたえている。ところが、民法典の制定からほぼ一〇〇年が過ぎた一九世紀末ともなると、重機械工業の発展にともなう労働災害の爆発的増加という、民法典起草者たちが想像もしなかったような事態が出現する。だが、過失原理に基づくそれまでの不法行為法では、労災被害を受けた労働者は工場経営者に過失があったことを立証できない限り、いかなる補償も受けられない。その結果、無数の労働者が労災の犠牲となりながら、何の手当もないまま放置されたのである。しかし、裁判官たちは思いもよらぬ仕方でこれを解決する。一八九六年六月一六日、フランス破毀院《はきいん》はタグボートのボイラー爆発事故に、これまで全く意味を持たなかった一三八四条一項を適用し、これによって労災被害者の立証責任を一切免除するのである。そもそも一三八四条一項（「人は自己の行為により生ぜしめた損害のみならず、自己が責任を負うべき他人または自己が保管する物の行為により生じた損害についてもまた責任を負う」）は、過失責任の体系内の補助規定に過ぎなかったが、この規定が「過失があろうとなかろうと、経営者は雇っている従業員、管理する機械や工場設備に責任を負う」という意味へと解釈し直され、それにより無過失責任という新たな法のレジームが誕生するのである。

その後、サレイユ（一八六五―一九一二年）やジョスラン（一八六八―一九四一年）といった法学者たちが「損害発生の源をつくり出した者が、その危険が現実のものとなった際には、その主観的様態に関係なく事故の責任を負うべきである」とする、いわゆる「リスクの理論」（théorie du risque）を展開する。次いで、それを追うようにして、一八九八年に労働者災害補償法が制定され、労災に対する補償の問題はようやく立法の上でも解決を見ることになった。さらにつけ加えれば、モータリゼーションの進展とともに劇的に増加した自動車事故の分野においても、「判例による新たな解釈の創出から、学説による裏づけを経て、立法化へ」という全く同じ流れの下で、無過失責任化とそれに伴う強制保険の義務化という動きを観察することができる。

新たな出来事に出会うとき、制度知としての法的思考は、解釈という日々の営みを通じて、新たな社会的現実を創出する。そのような、一歩一歩足下を踏みしめるような仕方で、「法」は新しい何か、すなわち未来とかかわるのである。哲学者ジル・ドゥルーズ（一九二五―九五年）はあるインタビューのなかで、たまたま次のような言葉を残しているが、それは法と未来の関係を考えるとき、非常に示唆的であるように思われる。

私が興味を持つのは、法規《ロワ》一般でもなければ個々の法規でもないし（前者は空虚な概念ですし、後者は迎合的です）、法《ドロワ》一般でもなければ個々の法でもなく、法の解釈＝判例（jurisprudence）

なのです。法を本当に創りだすものは判例なのですから、これを裁判官たちだけに任せてしまうわけにはいきません。作家たちが読まなければならないのは民法典ではなく、判例集なのです。（ジル・ドゥルーズ『記号と事件』）

法を創りだすのは、法典や宣言などではなく、法の解釈＝判例なのです。判例は法の哲学なのであり、それは単独的なものと単独的なものの延長を用いつつなされるのです。（同前）

立法・法道具主義・完全法典

本章はこれまで、法の解釈と判例を中心に議論を進めてきた。だが、ほとんどの人にとって、法によって社会的現実を変えるといった場合にまず思い浮かぶのは、むしろ立法の方ではなかろうか。たしかに立法は、裁判のように事が起こってから、しかもその件だけに限定してちまちまと事に当たるのではなく、時代遅れとなった古い制度や、積もりに積もったあらゆる不都合を一気に片づけ、新しくて合理的な制度、これまでよりも快適で納得のいく現実へと、全てを刷新してくれるように感じられる。だが、それと同時にわれわれは、新たな立法、新たな制度改革が、しばしば、これまでに増しての不都合、これまでには存在しなかった不公正をもたらすということも、日々の経験のなかから痛いほどに知っている。どうしてこのようになるのだろうか。議員であれ、官僚であれ、法案づくりに携わる人々のなかには法学部出身者がたくさんいるではないか。法学部や法科大学院で学んだ多くの知識は、よりよい法案づくりに役立つはずのものではないのか。

正直なところ、実は筆者もこれと同じような感想を抱いている。なので、機会があれば、大学で学んだ法学が法案づくりの現場において、どのような部分でどれくらい役立っているか、根ほり葉ほり教えてもらいたいと思っている。ただ、法学部所属の教員として言えることは、従来の法学部にはごく一部の例外を除き、法案づくりや政策立案の仕方を教える専門科目がほとんどなかったということである。それゆえ、法案づくりに必要な諸々の知識にかんしては、主として官庁や地方公共団体に就職したり議員になったりした後に、いわば現場で学ぶというのが、これまでの通常のやり方であった。

ただ、最近ではそうした状況にも少しずつ変化が見られるようだ。まず、立法目的に沿った合理的な法案づくりを目指す「法政策学」の試みが提唱されてしばらくがたつ。そこでは、法教義学＝法解釈学を中心とする従来の法学とは異なって、「目的＝手段」的思考に基づく合理的な制度設計が意識的に目指され、そのための手掛かりとして「法と経済学」(“law and economics”)、つまり法の経済分析の手法も採り入れられた。さらに、最近では、「立法学」という科目をカリキュラムに採り入れているところも数多く見受けられる(法学部もそうであるが、このところ至るところで設立されている公共政策大学院の多くがこの名称の科目を設けている)。建設途上の分野なので、その内容は担当教員の出身背景によって多種多様であるようだが、最近では次の三つが、主たる領域として次第に固まりつつあるようにも思われる。㈠政治学の一分野である政治過程論のなかで従来は講じられてきた立法過程論、㈡規制目的の達成に相応しい政策立案について考える立法政策論（先ほどの「法政策学」の試みも、ここに含められそうだし、古くからある「刑事政策」ないしは「刑事学」もここに押し込むことができそうである）、㈢関係する他の法律との一貫性や整合性なども含め、定まった政策を実際の条文のかたちへと整える、立法技術論。こうしたものであるとするなら、おそらく、「立法学」の試みとは、実務上は作業の流れとして一定のまとまりを持つものの、学問上は様々な領域——たとえば、法学を筆頭に、政治学、経済学、経営学、組織論、社会学、等々——に分散していた方法論と、実務を通じて蓄積された経験的ノウ・ハウとを、一個のディシプリンのかたちに統合しようとする試みであると見ることができるだろう。

しかし、筆者が法理学＝法哲学という、多分に偏屈な分野の出身だからかもしれないが、この「立法学」なる新領域に、それを主導する理念のようなものがはたして存在するのか否かということが、やはり最も気にかかる。というのも、時の政府——ないしはそれを構成する、相対立した複数の利益集団——から降ろされてくる案件（「天の声」？）をその都度その都度受け入れ、代々受け継がれてきた洗練された職人芸を駆使し、法律としての体裁を整えてやるだけなら、そこから生みだされる産物の各々のあいだに共通の一貫した筋を見出すことなど、到底、望むべくもないからだ（とりわけ、最近特に増加しているとされる「～基本法」や「～特例法」の数々について考えてみよ）。万が一、立法というものがそうしたご都合主義的な政治の道具にまで堕してしまうようなことがあれば、市民に残される選択肢は、文言等の定義や用法の点では過去の関係法令とも矛盾なく、見事に整序はされているものの、理念の面では互いにてんでバラバラな数々の法律の狭間で右往左往するか、あるいは、法律などとはできるだけ関わり合いを持たないように心がけ、シニカルな態度でやり過ごすかのいずれかしかないであろう。単なる個別利益にしか奉仕することのない、こうした行きすぎた法道具主義の下では、「法」への信頼が栄えることなど金輪際ないに違いない。ここでわれわれは、第一章で確認した「法」という漢字が有する道具主義的な傾斜の強さに、あらためて出会うことになる。

おそらく「立法学」はこのような危惧までを射程に収めた上で、体系化の道を歩み始めているのだと筆者は想像するが、そうしたことを考えるとき、とりわけ思い出されるのが、一八世紀から一九世紀を股に掛けて活躍した哲学者ジェレミー・ベンサム(一七四八―一八三二年)の試みである。ベンサムは一二歳でオックスフォードに入学し、二一歳でバリスタ(法廷弁護士)の資格を得た一種の天才であったが、イギリス特有のコモン・ローの世界を、一貫性を欠いた判例の山からなる、迷宮のように混乱した集積物として心から毛嫌いしていた。彼の夢は、この非合理な事後法の寄せ集めであるコモン・ローを、予測可能性を持った、合理的な制定法の体系へと置き換えることであった。しかし、それを単なる断片的立法の寄せ集めでない、一貫性ある法体系にするためには、体系全体を貫く何らかの主導的な理念が必要となる。そうして彼が見出すのが、『道徳と立法の諸原理序説』に示される、「最大多数の最大幸福」の功利原理であり、それを指導原理として構想されたのが「完璧かつ包括的な法典、パノミオン」であった(ちなみに「パノミオン」は、ミシェル・フーコーが取りあげたことで有名になった「パノプティコン＝一望監視型刑務所」と同じく、ベンサムの造語である)。これはベンサムがまだ若い頃に抱かれたアイデアであったが、六〇代になっても彼はこの構想を諦めず、アメリカのマディソン大統領、ロシアのアレクサンドル一世に宛てて、完全法典の立法化を申し入れる書簡を送っているほか、最晩年になってからもスペイン、ポルトガル、ギリシャ、コロンビアの各政府に法典編纂を申し出ている。もちろん、残念なことに、ベンサムのこうした申し出が受け入れられることは決してなかったのだが。

こうしたベンサムの例から何か教訓を引き出せるとすれば、それはどんなことだろう。もし、現代における立法の病理が、特定の集団への利益誘導やポピュリズム的な大衆迎合を目的としてご都合主義的な法令が乱発されるという、一貫性を欠いた、歯止めのない法道具主義のうちにあるとすれば、ベンサムによる立法の試みもあるいは、法を何か別の目的のために奉仕するものと考える点において、やはり一種の法道具主義と呼べるかもしれないものの、「最大多数の最大幸福」の功利原理によって体系の隅々まで統制されているがゆえに、それは可能な選択肢として、たしかに真面目な検討に値する。ただ、それが現実には全く受け入れられなかった理由は、それがあくまでも一人の天才の頭のなかで構想されたものだったからではないだろうか。第一章で、理性法論と法典編纂の関連について論じたときのことを思い出してほしい。当時の理性法論者たちも、理性の力だけで見出された人間の行為法則だけを材料として、人間の自然＝本性にかんする完全な法規の体系を創りだすことができると夢想した。だが、実際の法典編纂に素材を提供したのは、むしろ、一二世紀のボローニャこのかた営々と積み重ねられてきた解釈という集合的営為の成果であり、それらを前提としてはじめて、分類や整序といった理性法論が得意とする能力も活躍の場を見出すことができたのである。一人の天才、あるいは複数の天才からなる集団が、スーパー・コンピュータをはじめ、ありとあらゆる知恵と技術を総動員すれば、やがては完全な、法の自動処理システムが創りあげられるのではないか——こうした夢を抱く人は、いまなお存在することであろう(中高生のときの筆者も、そのようなことをぼんやりと考えていた)。しかし、問題は、そうしたものが仮に完成したとしても、誰がそのようなシステムに自らの自由を委ねるかということである。ベンサムの一生が教えてくれるのは、善意の制度設計者による法制度の、正統性の問題である。

法学の未来について——制度的想像力と最小限の正義の要請

ここまで本章では、法学が社会的現実を変えていくやり方として、いかなるものが考えられるかということを、いくつかの角度から論じてきた。これは、法学と未来がどのようにかかわるかということを、筆者なりに言い換えた問題設定である。しかし、正直に白状すると、筆者にあたえられた本当の課題は——本シリーズの他の巻を見てもらえば分かるように——「法と未来」ではなく「法の未来」であった。法学のように、細分化されている上に、その各々が相当に長い歴史とそれぞれの方法論的規律《ディシプリン》を確立している分野で、その全体の未来を語ることなど、どだい無理な話であると考え、申しわけないとは思いつつ勝手に変えさせていただいたのである。だが、これまでにもすでに、かなり好き勝手なことを書いてきたようにも思うので、無謀を省みず、法学の未来にかんする私見を一言記しておきたい。

今から一〇年以上も昔、筆者はもう一度学生として勉強したいと思い、イギリスの法学修士(LL.M)のコースに入り直したことがある。主に勉強したのは、専門の法哲学や法思想史といった科目であったが、その当時書きたいと思っていた論文のテーマとの関連で「損害賠償と法」という授業にも出席した。その一回目の授業で、アメリカの学部出身だという一人の学生が、担当の教授に対して「この授業では「法と経済学」は取りあげないのか」と質問し、続けて「法と経済学」の重要性について延々と語り始めた。演説が終わると、教授はおおよそ次のように回答した。「自分もアメリカのロースクールで教育を受けたので、「法と経済学」は興味を持って勉強したことがある。しかし、今ではそれほど重要とは思わなくなった。法について考えるということは、やはり判例を一つひとつ丹念に読み、それらのうちの同じ部分と違う部分、そのなかに含まれる法理、その例外等々について一歩一歩確かめていくことだ。「法と経済学」が、損害賠償にかかわる実際的な問題の解決に何らかの指針をあたえてくれるようなことは、まずないと思っていい。法はそんなものではないからだ。どんなものであれ、いわゆる大きな理論には常に慎重になった方がいい。」

この答えに失望したのか、質問をした当の学生は、次の授業から二度と来なくなった。実を言えば、筆者も多少がっかりした。「損害賠償と法」という講義名からは、伝統的な法学にとどまらない学際的な科目が想像できたし、アメリカでもてはやされる「法と経済学」が、イギリスではどのように受けとめられているかということについても、若干の興味があったからだ。だが、実際のところそれは、イギリスの不法行為法にかかわる判例を、毎回少なくとも一五から二〇程度読み込んできて、各自がその概要や論点を報告し、教授が若干のコメントを行うといった、典型的なコモン・ローの授業であった。ただ、そうこうするうちに、筆者も、生まれてはじめて「判例というものもなかなか面白いものだな」と思うようになったし、教授が最初の授業で語った言葉の意味についても、何となくわかるような気がしてきた(それでも、最終試験の結果は、散々な成績であったが)。

さて、このとりとめのない記憶の断片から何を言いたかったのかといえば、これからも法学はそれほど変わらないということ、とりわけ、これまでに誰もが夢想だにしなかったような革新的なグランド・セオリーがある日突然出現し、法学の世界全体を根底から変えてしまうなどといったことなどは、多分ありそうにないということだ。というのも、一二世紀ボローニャから連綿と受け継がれてきた、教義学＝解釈学を中心とする法学の大枠それ自体は、これまでがそうであったように、根本のところでは、ほぼ同様の姿のままであり続けるように思われるからだ。だが、逆説的に聞こえるかもしれないが、こう言ったからといって、法それ自身や法に対する捉え方が全く変化しないということを意味しているわけではない。新たな社会変化に直面した際、法学は昔ながらの解釈という道具でそれと格闘するのだが、法の歴史が多くの実例を指し示してくれるように、そこから新たな法領域や制度理解が生まれる場合は決して少なくないからである。そして、そうしたことを可能とするための条件となるのが、教養学＝解釈学という古い道具を用いながらも、そこから新たな制度創出の可能性を構想するような、「制度的想像力」なのである。そして、現在ここにある法や制度は「こうでしかあり得ない」といった必然的なものではなく、別の姿でもあり得るということ――それを思い描く想像力を鍛えてくれるのは、法の歴史がたどった様々な道程を知ることであり、様々な法の制度や思想を比較するという作業であるだろう。

もう一つ、筆者がこれからも決して変わらないと考えているものがある。それはアリストテレスが定式化し、ローマ法のなかに組み入れられ、現在ではほぼ世界中の法制度の根幹に据えられている、法の目的としての正義――すなわち、「各人のものを各人に」とか、「等しきものを等しく」といった要請である。仮に、思いもよらぬ経済構造の激変や環境的な危機が、これまで通りの生活形式を維持し続けることを不可能にするようなことがあったとしても、複数の人間が何らかのかたちでお互いに関わり合って生きていく限り、この原理だけは、最小限の社会構成原理として必ず存在し続けるように思われるからである。もし、ホッブズ的な自然状態の下では人は生き続けることができないとするなら、この原理はいわば人類学的な要請とさえ言わなければならない。

昔のSFでは、地球以外の惑星や核戦争後の世界など、生存不可能な自然環境の下で、人間は巨大な透明のドームを建設し、そのなかに人工的な生存環境をつくって暮らすことになっていた。各人のものが各人にあたえられること、等しきものが等しく扱われること――それらを実現するために存在する「法」とは、人が生きることのできる空間をつくる、そうした昔のSFに描かれたドームのようなものではないだろうか。そして、これを日々点検し、もし具合の悪い箇所が見つかれば、限られた道具を使ってその綻びの修理を行うということこそが、まさに「法学」の役割なのである。

五、法学を学ぶために何を読むべきか

書店を覗いてもらえばすぐにわかると思うが、法律にかんする書物は本当にたくさんある。まず、日常の法律トラブルに役立つハウツー本もあれば、各種の制度の概要について説明したビジネス本の類、司法試験、司法書士、税理士、公務員試験など、資格試験を突破するための受験本、などなど。読者のおかれた状況や事情に応じて、それらはそれらで役立つ場合もあるだろうが、本書ではあくまでもタイトル通り、学問としての「法学」にかかわる文献を紹介していこう。基本的に、本論で扱ったテーマを中心とするが、必要に応じて、本論では扱えなかったテーマについても、関連するところで触れておきたい。

法学の全体像について

本書の骨格となった考え方の多くが、**田中成明『法学入門』**(有斐閣、二〇〇五年)、**同編『現代理論法学入門』**(法律文化社、一九九三年)、**平野仁彦・亀本洋・服部高宏『法哲学』**(有斐閣、二〇〇二年)に基づいている。どれも包括的かつバランスのとれた記述内容なので、法学の背景にある発想の全体像を摑むのに役に立つ。

もちろん、これ以外にも、実に数多くの本が、『法学』や『法学入門』というタイトルの下で出版されている。必ずしも一概には言えないが、大きくわけると、これから法学を専門的に学ぼうとする人向けに法の制度の全体像や基本的な考え方を提供するものと、文系・理系を問わず大学一、二年生に向けた共通科目用教科書として、各種の法律のダイジェストを兼ねるものがあるようだ。記述内容も難易度も様々なので、いちど図書館や大きな書店で手にとってみて、各自の必要に見合ったものを選ぶことを勧める。目についたものから、よさそうなものをいくつかあげておくと、**五十嵐清『法学入門 新版』**(悠々社、二〇〇二年)、**山田晟『法学 新版』**(東京大学出版会、一九九二年)、**三ケ月章『法学入門』**(弘文堂、一九八二年)、**伊藤正己・加藤一郎編『現代法学入門 第四版』**(有斐閣、二〇〇五年)、**佐藤幸治・鈴木茂嗣・田中成明・前田達明『法律学入門 第三版』**(有斐閣、二〇〇六年)、**松村和徳・住吉雅美編『法学最前線』**(窓社、一九九六年)、**松井茂記・松宮孝明・曽野裕夫『はじめての法律学 第二版』**(有斐閣、二〇〇六年)といった感じだろうか。

P・G・ヴィノグラドフ『法における常識』(末延三次・伊藤正己訳、岩波文庫)と**グスタフ・ラートブルフ『法学入門』**(碧海純一訳、東京大学出版会、一九六一年)は、ともに戦前の本なので、今日では「入門」と呼ぶには少し難しく感じられるかもしれないが、そのどちらも古典として是非とも手にとってもらいたい名著である。

一、法学はどのようにして生まれたか

㈠なぜ法の歴史について学ぶ必要があるのか

「正義」という言葉の捉え方にかんしては、まず、アリストテレス『ニコマコス倫理学』全二冊(高田三郎訳、岩波文庫)を、もし余裕があればプラトン『国家』全二冊(藤沢令夫訳、岩波文庫)を是非とも読んで欲しい。古典中の古典ということで敬遠されるかもしれないが、わかりやすい訳文もあって、現代人にも楽しく読むことができる。正義の女神の様々なイメージにかんしては、森征一・岩谷十郎編『法と正義のイコノロジー』(慶應大学出版会、一九九七年)があり、読み物として面白い。また、本書では、ロールズやノージックをはじめとする現代の正義論についてほとんど触れていないが、これについては、平井亮輔編『正義——現代社会の公共哲学を求めて』(嵯峨野書院、二〇〇四年)が、一冊で全体の見取り図をあたえてくれる。

日本における西洋法の継受に関心がある人は、長尾龍一『法学ことはじめ 新版』(慈学社出版、二〇〇七年)に収められた諸論稿をまず読むべきだろう。民法典論争の舞台裏などもわかり、大変に興味深い。また同書は、荀子や韓非子の思想についても触れていて、いろいろと得をした気持ちになる。明治憲法の成立にかんしては、瀧井一博『文明史のなかの明治憲法——この国のかたちと西洋体験』(講談社、二〇〇三年)が、伊藤博文のヨーロッパ体験を中心に、人物を捉えた生き生きとした記述で読ませる。また、嘉戸一将『西田幾多郎と国家への問い』(以文社、二〇〇七年)は、発見された西田幾多郎の主権論を導きの糸として、明治における法と国家の思想史的意義に迫る本格的な研究書である。

その他、日本法の歴史にかんしては、**牧英正・藤原明久編『日本法制史』**(青林書院、一九九三年)がテキストとして定評があるほか、明治以降の歴史に限定すれば、**日本近代法制史研究会編『日本近代法一二〇講』**(法律文化社、一九九二年)が全てのテーマを見開き二頁で解説しており、便利である。最後に、日本人の法意識を真正面からとりあげた、**川島武宜『日本人の法意識』**(岩波新書、一九六七年)、また、その現代版といった趣の**青木人志『「大岡裁き」の法意識――西洋法と日本人』**(光文社新書、二〇〇五年)についても一読を勧める。

㈡西洋法の歴史　ローマ法とその継受を軸として、ヨーロッパ法全体の歴史を通観するには、**ピーター・スタイン『ローマ法とヨーロッパ』**(屋敷二郎監訳、ミネルヴァ書房、二〇〇三年)と、**ヘルムート・コーイング『ヨーロッパ法文化の流れ』**(上山安敏監訳、ミネルヴァ書房、一九八三年)の二つから始めるとよいだろう。両者とも大変コンパクトであるにもかかわらず、非常に見事に書かれている。西洋法制史のテキストでは、**勝田有恒・森征一・山内進編著『概説 西洋法制史』**(ミネルヴァ書房、二〇〇四年)が最も網羅的で、内容も盛り沢山である。**上山安敏編『近代ヨーロッパ法社会史』**(ミネルヴァ書房、一九八七年)では、社会史的なアプローチが採用されており、各時代の法学教育や法制度の在り方が生き生きと描きだされる。学問としての「法学」の歴史にかんしては、**碧海純一・伊藤正己・村上淳一編『法学史』**(東京大学出版会、一九七六年)がまとまっている。法思想史の通史的教科書としては、最もコンパクトな、**田中成明・竹下賢・深田三徳・亀本洋・平野仁彦『法思**

想史 第二版』(有斐閣、一九九七年)のほか、三島淑臣『新版 法思想史』(青林書院、一九九三年)、笹倉秀夫『法思想史講義』全二冊(東京大学出版会、二〇〇七年)がある。エピソードで綴った、フリチョフ・ハフト『正義の女神の秤から——ヨーロッパ法二千年の流れ』(平田公夫訳、木鐸社、一九九五年)も面白い。

この節でとりあげた個別論点のうち、法律家をめざす読者のために特につけ加えておいたほうがよいと思われるのは、弁論術のところだろうか。アリストテレス『弁論術』(戸塚七郎訳、岩波文庫)は必読であるが、もし余裕があれば、キケロー『弁論家について』全二冊(大西英文訳、岩波文庫)も読んでおきたい。弁論術の歴史にかんしては、カイム・ペレルマン『説得の論理学——新しいレトリック』(三輪正訳、理想社、一九八〇年)、その法学とのかかわりにかんしては、テオドール・フィーヴェク『トピクと法律学——法学的基礎研究への一試論』(植松秀雄訳、木鐸社、一九八〇年)、カイム・ペレルマン『法律家の論理——新しいレトリック』(江口三角訳、木鐸社、一九八六年)、フリチョフ・ハフト『レトリック流法律学習法』(平野敏彦、木鐸社、一九九二年)などがある。

重要な論点を忘れていた。プラトンの正義理解について述べたところで触れた、邪悪な為政者が制定した邪悪な法律にしたがうことの是非をめぐる問いは「悪法問題」と呼ばれ、法哲学の最重要課題の一つとなっている。この問いにかんしては、ナチスの戦犯裁判をめぐりラートブルフが重要な論評を残しているほか、ハートやL・フラー(一九〇二—七八年)といった英米の法哲学者のあいだでも大きな論争が引き起こされている。そうした議論の詳細は、ひとまず、拙著『二十世紀の法思想』(岩波書店、二〇〇〇年)を参照していただきたいが、ここではむしろ、この問いが普通の市民の人生にどのような過酷な課題を突きつけるかという観点から、映画にもなった次の小説を手にとってほしい。ベルンハルト・シュリンク『朗読者』(松永美穂訳、新潮文庫)。ちなみに、著者のシュリンクはベルリン・フンボルト大学で憲法学を教えている。

二、生きられる空間を創る

本書における法の各種の働きや機能にかんする分類は、基本的に、田中成明『法理学講義』(有斐閣、一九九四年)に負っている。なお、本章の表題となっている「生きられる空間を創る」というイメージや、ときどき説明もなく使用される「人類学的」という表現は、フランスの手堅いローマ法学者であり、また同時に精神分析学者、哲学者でもあるピエール・ルジャンドルの書物に触発されたものである(もっとも、厳密に言えば、必ずしも同じような仕方で用いているわけではないのだが)。ピエール・ルジャンドル『ドグマ人類学総説——西洋のドグマ的諸問題』(西谷修監訳、平凡社、二〇〇三年)、『真理の帝国——産業的ドグマ空間入門 第二講』(西谷修・橋本一径訳、人文書院、二〇〇六年)。

次に各項目にかんしてであるが、ここでは各分野の教科書や概説書は取り上げず、制度の背景となる思想を知るために有益となる文献のみを示すことを、まず最初に確認しておく。

民事法にかんしては、まずは星野英一『民法のすすめ』(岩波新書、一九九八年)を読み、制度の背景にある思想の骨格を摑むのがよいだろう。次いで――大部で、しかも内容が多岐にわたるので大変だが――E・エールリッヒ『法社会学の基礎理論』(河上倫逸、M・フーブリヒト訳、みすず書房、一九八四年)を読めば、非常に幅の広い視座が得られるにちがいない。

刑事法にかかわる部分では、刑法学者山口厚による『刑法入門』(岩波新書、二〇〇八年)が新しいほか、本文にもあげたベッカリーア『犯罪と刑罰』(風早八十二・五十嵐二葉訳、岩波文庫)、J・S・ミル『自由論』(塩尻公明・木村健康訳、岩波文庫)などが、その思想的骨格を教えてくれる。次にあげる本は、近代刑法以前の世界をかいま見させてくれる。阿部謹也『刑吏の社会史――中世ヨーロッパの庶民生活』(中公新書、一九七八年)、山内進『決闘裁判――ヨーロッパ法精神の原風景』(講談社現代新書、二〇〇〇年)、上山安敏・牟田和男編著『魔女狩りと悪魔学』(人文書院、一九九七年)、穂積陳重『復讐と法律』(岩波文庫)。ジャン・アンベール『死刑制度の歴史』(吉原達也・波多野敏訳、クセジュ文庫)は、死刑制度を中心に刑罰の歴史を概観する。本文でも少し触れた、現代における刑事処罰の脱国家化については、橋本祐子『リバタリアニズムと最小福祉国家――制度的ミニマリズムをめざして』(勁草書房、二〇〇八年)が新しい。

憲法にかんしては、長谷部恭男『憲法とは何か』(岩波新書、二〇〇六年)、長谷部恭男・杉田敦『これが憲法だ!』(朝日新書、二〇〇六年)、樋口陽一『個人と国家――今なぜ立憲主義か』(集英社新書、二〇〇〇年)、長尾龍一『憲法問題入門』(ちくま新書、一九九七年)など、多様な立場から書かれた新書がいくつかあるので、いろいろ手にとってみるとよいだろう。その前提にある思想についても、その多くは文庫で読むことができる。ホッブズ『リヴァイアサン』全四冊（水田洋訳、岩波文庫）、ロック『市民政府論』（鵜飼信成訳、岩波文庫）、ルソー『社会契約論』（桑原武夫・前川貞次郎訳、岩波文庫）、A・ハミルトン、J・ジェイ、J・マディソン『ザ・フェデラリスト』（斎藤眞・中野勝郎訳、岩波文庫）、ハンス・ケルゼン『デモクラシーの本質と価値』（西島芳二訳、岩波文庫）など。さらに深いところまで考えたい人は、同『法と国家の一般理論』（尾吹善人訳、木鐸社、一九九一年）、カール・シュミット『憲法論』（阿部照哉・村上義弘訳、みすず書房、一九七四年）に進むとよいだろう。

資源配分機能の背景にある思想は、いわゆる現代正義論の問題設定とストレートにかかわってくる。すでにあげた平井亮輔編『正義——現代社会の公共哲学を求めて』でおおよその見通しをつけた後、次の一連の本に取り組んでみて欲しい。ジョン・ロールズ『公正としての正義 再説』（田中成明・亀本洋・平井亮輔訳、岩波書店、二〇〇四年）、ロバート・ノージック『アナーキー・国家・ユートピア——国家の正当性とその限界』（嶋津格訳、一九九二年、木鐸社）、F・A・ハイエク『致命的な思いあがり』（渡辺幹雄訳、春秋社、二〇〇九年）、井上達夫『共生の作法——会話としての正義』（創文社、一九八六年）、川本隆史『現代倫理学の冒険——社会理論のネットワーキングへ』（創文社、一九九五年）、森村進『自由はどこまで可能か——リバタリアニズム入門』（講談社現代新書、二〇〇一年）、若松良樹『センの正義論——効用と権利の間で』（勁草書房、二〇〇三年）など。

三、制度知の担い手となる

この章であつかった法解釈の技法にかんしては、すでにあげた平野仁彦・亀本洋・服部高宏『法哲学』の分類に全面的に負っている(解釈の技法について説明を加えている類書はいくつかあったが、本書の分類と説明が最も的確である)。

本論では、体系的解釈との関連で法の階層秩序について少し触れたが、これは法哲学(法理学)における重要論点の一つである。これにかんしては、まず何よりも**ハンス・ケルゼン『純粋法学』**(横田喜三郎訳、岩波書店、一九三五年)を読むべきだろう。ケルゼンの法理論の全体像については前掲『**二十世紀の法思想**』でも、一章を割いて検討を加えている。

日本における法解釈論争にかかわる文献としては、次のものをあげる。**川島武宜『科学としての法律学 新版』**(弘文堂、一九六四年)、**加藤一郎『民法における論理と利益衡量』**(有斐閣、一九七四年)、**星野英一『民法論集第一巻』**(有斐閣、一九七〇年)、**平井宜雄『法律学基礎論覚書』**(有斐閣、一九八九年)、『**続・法律学基礎論覚書**』(有斐閣、一九九一年)、**田中成明『法的思考とはどのようなものか——実践知を見直す』**(有斐閣、一九八九年)。

川島、加藤の理論形成に大きな影響をあたえているアメリカのリアリズム法学についても、いくつか文献をあげておこう。**B・N・カドーゾ『司法過程の性質』**(守屋善輝訳、中央大学出版部、一九六六年)、**パウンド『社会学的法学』**(細野武男訳、法律文化社、一九五七年)、**ジェローム・フランク『法と現代精神』**(棚瀬孝雄・棚瀬一代訳、弘文堂、一九七四年)などが翻訳されているが、残念ながら、現在では図書館でしか手に入らないかもしれない。

本文であげた、科学史のターニング・ポイントをデカルト哲学ではなく、それ以前の人文主義のうちに見出す、**スティーヴン・トゥールミン**による非常に魅力的な科学史の読み直しは、『**近代とは何か——その隠されたアジェンダ**』(藤村龍雄・新井浩子訳、法政大学出版局、二〇〇一年)。

四、法学はいかにして新たな現実を創り出すのか

違憲立法審査を通じた法の発展との関連で、一九五〇年代からのアメリカ憲法の展開について少しだけ触れたが、これについて詳しく知りたい人は、**阿川尚之**『**憲法で読むアメリカ史**』全二冊(PHP研究所、二〇〇四年)を手にとってほしい。社会の変化と憲法解釈との密接な関連が手にとるようにわかる良書である。

本論では詳しく論じることができなかったが、英米のコモン・ローでは、法的判断の仕方が日本のような大陸法系とは若干異なるので、英米の法理論を正確に理解するためには、これについて学んでおくことも重要である。そうした説明として最も簡潔かつ明解であり、長らくイギリスの法学徒たちに愛され続けてきた一冊として、**グランヴィル・ウィリアムズ**『**イギリス法入門**』(庭山英雄・戒能通厚・松浦好治訳、日本評論社、一九八五年)がある(原著は、非常にコンパクトな本なので、英米圏で法律を学ぶことを考えている学生諸君は原著 Glanville Williams, *Learning the Law*, 13th ed., Sweet & Maxwell, 2006 の一読を強く勧める)。

本論でとりあげたH・L・A・ハート、ロナルド・ドゥオーキン、ロベルト・アンガーの法理論

に興味を持った方には、恐縮であるが、前掲『二十世紀の法思想』をあげておく。翻訳では、ハート『法の概念』(矢崎光圀監訳、みすず書房、一九七六年)、ドゥオーキン『権利論 増補版』(木下毅・小林公・野坂泰司訳、木鐸社、二〇〇三年)、『法の帝国』(小林公訳、未来社、一九九五年)の三冊にまず取り組むとよいだろう。アンガーについては、残念なことに、いまだ翻訳が存在しないが、同じ批判法学の関連では、デヴィッド・ケアリズ編『政治としての法』(松浦好治・松井茂記編訳、風行社、一九九一年)、ドゥルシラ・コーネル『限界の哲学』(仲正昌樹監訳、御茶の水書房、二〇〇七年)などがある。本論でも名前があがり、コーネルの仕事にも決定的な影響をおよぼしている、ジャック・デリダの仕事のうち、法をめぐる問題を最も直截に扱っているのが、本来はカードーゾ・ロースクールでの講演であった、『法の力』(堅田研一訳、法政大学出版局、一九九九年)である。彼の「法は脱構築されるが、正義は脱構築され得ない」という言葉は、本書第一章で説明したような、西洋哲学史、ないしはインド＝ヨーロッパ語族における「法」と「正義」の内在的な連関をしっかり認識しておかなければ、頓珍漢な理解に終わってしまうだろう。単独的な出来事としての判例の重要性にかんするジル・ドゥルーズの発言は、哲学と政治をめぐる次の対談集から引かれたものである。ドゥルーズ『記号と事件——一九七二—一九九〇年の対話』(宮林寛訳、河出文庫)。

ところで、本論の書きぶりからは否定的なメッセージのみが受けとられたかもしれないが、前提条件さえ正しく設定されれば——つまり、私見では、アリストテレス的な意味における「正義」によって最終的に統制され、時の政治動向にあまりに過敏に左右されないことが保障されるならば

——法政策学や立法学は、これからの学問としてますます発展すべきであると考えている。わが国における法政策学の先駆的な仕事は、**平井宜雄『法政策学——法制度設計の理論と技法 第二版』**(有斐閣、一九九五年)。立法学では、現場での実務経験に裏づけられた、定評のあるテキストとして、**中島誠『立法学——序論・立法過程論 新版』**(法律文化社、二〇〇七年)がある。「法と経済学」も立法の指針としては——ただし、これは、非合理な立法により国民の幸福の総量を減少させてしまうようなことが起こらないように、という消極的な意味においてであるが——決して無視することができない。手頃な入門書では、**A・M・ポリンスキー『入門 法と経済——効率的法システムの決定』**(原田博夫・中島巌訳、HBJ出版局、一九八六年)、法学者と経済学者による学問的な対話となっている、**宍戸善一・常木淳『法と経済学——企業関連法のミクロ経済学的考察』**(有斐閣、二〇〇四年)、また経済学者による規範理論への接近の試みとして、**常木淳『法理学と経済学——規範的「法と経済学」の再定位』**(勁草書房、二〇〇八年)をあげておく。筆者の母校でもあるロンドン大学設立の思想的バックボーンとなり、また、そのエキセントリックな性格が皆に愛されているジェレミー・ベンサムについて、まず一冊と言えば、次の本がよいだろう。**J・R・ディンウィディ『ベンサム』**(永井義雄・近藤加代子訳、日本経済評論社、一九九三年)。

最後に、これから法学を学ぼうと考えている、あるいは、すでに法学を学び始めている若い諸君に、筆者が最も読んでほしいと思う本として、**筒井康隆『旅のラゴス』**(新潮文庫)をあげる。

おわりに

「はじめに」でも書いたように、筆者はこの本を、大学入学後の専攻として法学を選ぶべきか否かと思い悩む、一八歳前後の若者を思い描きながら執筆した。大人たちは、法学部に入っておけば、就職の際にもつぶしがきくから、将来のことはそれまでにじっくりと考えればよいと言う。しかし、法律なんて所詮は人間が意図的に創ったものではないか、そんないい加減なものを学ぶために大学に行くのか。自分の一生のなかでも特に貴重な時期となるかもしれないこの数年間を、おそらくは無味乾燥であるに違いない法律や判例の山と格闘しながら過ごすというのか。きっと後々「あれは間違った選択だった」と悔やむようになりはしないか。哲学や歴史や文学といった、将来の生活設計や打算とは無縁そうに思われる、学問らしい学問の方がよっぽど純粋で、魅力的ではないだろうか。だが、そうした分野で自分が何かしらの成果を残すことができると信じられるほど、自惚れているわけでもない。やはり、やがては会社員や公務員になるという可能性も想定して、法学部に進むしか仕方がないのか……。これはまさしく、将来の進路についてぼんやりと考えていた時分の、筆者の胸の内にほかならない。だから本書は、そうした一八歳の頃の自分に向けて書かれたものであるとも言える。筆者は本書の執筆を通じ、あれからずいぶんと年をとり、多少は物分かりもよくなった――あるいは、年相応に保守的になり、物事の諦めも容易につくようになった四〇代の自分から、かつての若かった自分に、「法学もそんなに悪いものではないよ」と伝えたかったのである。

ただ、正直に白状すれば、筆者はなかなか本書を書き始めることができなかった。その理由はいくつかあるが、まず何よりも、自分は本書の執筆に相応しくないのではないかという強い思いを拭い去ることができなかった。というのも、筆者は法学部に籍は置いていたものの、条文と判例を中心とする実定法の学習に全く馴染むことができず、ようやく法哲学や法思想史といった分野に出会うに至って、初めて関心を持つことのできる対象を発見した(第四章の終わりでも書いたように、筆者がようやく実用法学の面白さに気づいたのは、イギリス留学中のことである)。それゆえ、民法や刑法、憲法といった実用法学がやはり中心となる法学の全体像を、自分の足場から、どのようなかたちで伝えればよいか、なかなかイメージが掴めなかったのである。また、このこととも関連するが、法学という学問の特性として、各々の個別分野が相当に長い歴史を持ち、それ固有の問題設定と方法論的規律を積み上げてきている。そのせいもあり、法学全体に共通する何かを括りだして、「これが法学です」と提示することはきわめて難しい。その結果、様々なかたちで出版されている各種の「法学入門」や「法学概論」にあっては、通常、各個別分野ですでに傑出した業績を残したいわゆるその道の大家がその幅広い知識と経験を基に執筆を行うか、あるいは、各個別分野の研究者が集まり各々が自己の専門を分担執筆するかというどれかの方法で、こうした難問からの脱出を図ってきた。しかし、法学の世界ではまだ駆け出しと言ってもよい筆者には、知識や経験の面でそもそも力量が不足しているし、かといって、自分が専門的に取り組んできたテーマやこれまでの研究史について書くだけでは、「法学とは何をどのように研究する学問か」ということはさっぱり伝わらないに違いない。本書に期待されるものがもとよりいわゆる「入門」や「概論」でないことは十分承知しているが、将来の進路に悩む人たちに「法学とはいかなるものか」を伝えることを目的とする以上は、やはり何らかの仕方で法学の全体像のようなものを示すほかないのである。

こうした長い逡巡を経て、ようやく本書の執筆を開始したわけだが、その基本的な視座は筆者が専門とする法哲学や法思想史のそれであり、その素材にかんしては、筆者がこれまで法学部や法科大学院で行ってきた講義内容を総動員するかたちとなった。それゆえ、筆者の授業を受講したことのある学生諸君にとっては、きっと一度は耳にしたことのある話も少なくないに違いない。また、ずいぶん昔に執筆し、それなりに気に入っている文章の類にも、新しい文脈のなかで居場所をあたえようと工夫を試みた。このような制作の舞台裏から、はたしてどのような製品が出来上がっているか、はなはだ心許ない限りであるが、ここに書かれたことのなかで、ほんの少しだけでも読者の役に立つことがもしあるとすれば、筆者にとってこれ以上にうれしいことはない。

最後に、この場を借りて、いくつかの謝辞を記しておきたい。言うまでもなく、本書の視座と素材は、筆者が独力で見出したものなどでは決してない。本書が採用する視座の骨格と内容的な細部のほとんどが、かつての指導教員や諸先輩の業績をはじめとする、数々の先行研究に基づくものであるからだ。むしろ筆者が本書で行ったことは、それらを自分なりの仕方で咀嚼した上で、これまでとは多少違った見取り図の上に配置し直しただけであるとさえ言ってもよい。これら一連の先行研究にかんしては、第五章の読書案内にそのほとんどを掲載しておいたので、繰り返しの言及は控えさせていただくが、ここであらためてお礼の言葉を申し述べておきたい。また、お礼のついでというわけではないが、九一頁に掲載されている、難事案解釈にかんする表は、現在グラスゴー大学で教鞭をとるエミリオス・クリストドゥリディス教授から教えていただいたものだ。それほど簡単ではない批判法学の解釈戦略が非常にすっきりと説明されているので、学部や法科大学院での授業でも、とても気に入って使い続けてきたものである。さらに、これら以外にも本書の執筆にあたっては、原稿の断片に目を通し、貴重な意見をいただくなどして、様々な方のお世話になっている。心よりお礼を申しあげたい。

本書の企画と編集を担当された坂本政謙さんには、ジョン・ロールズ『万民の法』の翻訳の際にも大変なご迷惑をおかけしたが、おそらく今回はそれ以上のご苦労とご心配をおかけすることとなった。坂本さんの暖かい励ましのおかげで、ようやく本書は陽の目を見る運びとなったが、それは同時に、これまでの自分の研究や教育を振り返り、これから何をしていくかを考える一つの中為《なかじ》切《きり》ともなった。貴重な機会を下さったことに対し、ここにあらためて心からのお礼を申しあげたい。

二〇〇九年六月

中山竜一

中山竜一

1964年生．京都大学大学院法学研究科博士課程中途退学．現在，大阪大学大学院法学研究科教授．
著書に『二十世紀の法思想』(岩波書店，2000年)，共著に『正義——現代社会の公共哲学を求めて』(嵯峨野書院，2004年)，訳書にジョン・ロールズ『万民の法』(岩波書店，2006年)など．

ヒューマニティーズ
法学

2009年7月30日　第1刷発行
2024年5月15日　第11刷発行

著　者　中山竜一《なかやまりゅういち》

発行者　坂本政謙

発行所　株式会社 岩波書店
〒101-8002 東京都千代田区一ツ橋2-5-5
電話案内 03-5210-4000
https://www.iwanami.co.jp/

印刷・三陽社　カバー・半七印刷　製本・中永製本

ISBN 978-4-00-028323-6　Printed in Japan